Franz von Tessen-Wesierski

Die Grundlagen des Wunderbegriffes nach Thomas von Aquin

Franz von Tessen-Wesierski

Die Grundlagen des Wunderbegriffes nach Thomas von Aquin

ISBN/EAN: 9783744605892

Hergestellt in Europa, USA, Kanada, Australien, Japan

Cover: Foto ©Lupo / pixelio.de

Weitere Bücher finden Sie auf **www.hansebooks.com**

Die

Grundlagen des Wunderbegriffes

nach Thomas von Aquin.

Von

Lic. Franz von Tessen-Wesierski,

a. o. Professor der Apologetik an der Königl. Universität Breslau.

Mit bischöflicher Druckerlaubnis.

Paderborn.
Druck und Verlag von Ferdinand Schöningh.
1899.

Franz von Savigny

gewidmet.

Vorwort.

Die stolze Behauptung der rationalistischen Naturwissenschaft, das Princip der Erklärung für alle Vorgänge auf dem Gebiete der geschöpflichen Natur in der exakten Forschung gefunden zu haben, das verwegene Bestreben einer allzu kritischen Geschichtswissenschaft, alle Ereignisse der Vergangenheit nur vom engsten, keineswegs idealen Standpunkt des blofsen Menschentums aufzufassen, die geschmack- und pietätslose Verirrung endlich einer rationalistischen Exegese, welche selbst den offenbaren, historisch verbürgten Einflufs einer höheren, übernatürlichen Macht abzuleugnen sucht, kann über ein besonnenes, wahrhaft objektives und daher auch zugleich ideales wissenschaftliches Bestreben nur einen Augenblickssieg erringen. Es gibt nur eine Wahrheit: entweder existiert eine Macht, welche über unsere sichtbare Welt herrscht und in ihr sich offenbart, oder aber sie existiert nicht. Ist der erstere dieser Wahlsprüche der beiden grofsen Weltparteien richtig, so können jene, die unter ihm kämpfen, den Gegnern wohl sagen: wir wissen noch nicht, wie dieses und jenes Unerklärliche zu erklären ist, aber euere rationalistische Erklärung ist falsch, weil sie gegen die Grundgesetze einer mehrtausendjährigen Erfahrung verstöfst.

Keine Lehre jedoch bezeichnet mehr und präciser diesen christlichen Standpunkt als die Lehre vom Wunder. Man kann getrost sagen, dafs derjenige, welcher an Wunder glaubt, wenigstens im Herzen noch ein Christ ist. Denn der objektive und begründete Glaube an die Möglichkeit und an die Existenz eines Wunders ist durch jenes gröfste aller Wunder, durch das Wunder des Ostertages, der Mittelpunkt der christlichen Lehre geworden.

Wie es nur eine Wahrheit geben kann, so kann es auch nur eine Lehre vom Wunder geben, wenn das Wunder selbst wahr ist. Wie daher Augustinus im christlichen Altertum, so hat Thomas von Aquin im christlichen Mittelalter dieselbe kirchliche Lehre über diesen Gegenstand gegeben. Er hat sie zugleich theologisch und philosophisch fest begründet. Dieser letztere Vorzug berechtigt mich, des Aquinaten Lehre über das Wunder ausführlicher darzustellen.

Im vorliegenden ersten Teile werden daher zunächst die Grundlagen des Wunderbegriffes, wie Thomas sie gibt, erläutert. Ein zweiter Teil soll die eigentliche Lehre vom Wunder behandeln. Da die heutige Kritik jedoch verlangt, auf Schritt und Tritt gehört zu werden, ja, diese Forderung auch für alle früheren Zeiten aufstellt, so soll ein dritter Teil endlich in rein objektiver, aber zugleich kritischer Weise eine historische Darstellung der Lehre über das Wunder bringen.

Infolgedessen wurde für den ersten Teil jede Polemik ausgeschlossen, sowie die Berufung auf andere Autoren in den engsten Schranken gehalten: Thomas allein sollte zu uns Neulingen der Neuzeit sprechen.

Erster Abschnitt.

Die exegetische Entwicklung des Wunderbegriffes bei Thomas.

Vorbemerkungen.

Der Plan der Untersuchung.

Eine apologetische Erklärung des Wunders hat zweierlei Anforderungen zu erfüllen, um genügend zu sein: sie muſs zunächst zeigen, daſs das, was wir Menschen ein Wunder nennen, innerlich keinen Widerspruch enthält, und zweitens, daſs es auch innerhalb des Weltganzen, in welchem es vorkommt, einen ihm zukommenden, vernunftgemäſsen und zweckdienlichen Platz einnehmen kann. Wollen wir aber darüber entscheiden, ob ein Wunder innerlich widerspruchsvoll ist oder nicht, so können wir dieses erst dann, wenn wir vorher überhaupt wissen, was ein Wunder ist. Wir haben also zu allererst nach dem Begriffe des Wunders zu forschen. Da wir dieses aber vom apologetischen Standpunkte thun wollen, so genügt es nicht, daſs wir einfach den von der christlichen Theologie anerkannten Wunderbegriff annehmen und analysieren, sondern wir müssen vielmehr zuerst diejenigen Grundbegriffe erläutern, auf welchen sich der Wunderbegriff aufbaut. Damit entsprechen wir zugleich wenigstens teilweise der zweiten jener beiden oben genannten Anforderungen: wir zeigen nämlich, wie das Wunder innerhalb unserer Welt möglich ist, d. h. wie es sich zu den von unserer natürlichen Erkenntnis in der Welt gewonnenen Begriffen verhält.

Diese Grundbegriffe, auf welche sich der Begriff des Wunders aufbaut, können wir wiederum nur aus einer ganz allgemeinen Erkenntnis derjenigen Thatsachen gewinnen, welche wir gewöhnlich Wunder nennen. Da diese erste und allgemeinste Erkenntnis des Wunders darin besteht, daſs jene eben genannten Thatsachen auf denjenigen, der sie betrachtet, einen bestimmten Eindruck machen, so gehen wir am zweckmäſsigsten von der Erklärung dieses Eindruckes aus, d. h. wir betrachten zunächst die psychologische Seite des Wunderbegriffes.

Erst nachdem wir diese letztere erkannt haben, treibt uns der Intellekt zur Vergleichung der wunderbaren Thatsache mit anderen Thatsachen, welche nicht wunderbar sind, und weiter auch zur Vergleichung mit den Ursachen, welche die nicht wunderbaren Thatsachen bewirken. Eine solche Vergleichung kann aber nur dann einen Sinn und Erfolg haben, wenn wir die Gesetze kennen, nach welchen sich die Ursachen für die nicht wunderbaren Dinge und Effekte richten.

Damit ist aber die Reihe der Vergleichspunkte abgeschlossen. Denn über alles dasjenige, was sich in gesetzmäſsiger Weise vollzieht, können wir uns im eigentlichen Sinne nicht wundern; es schlieſst also für sich den Begriff des Wunders aus. Das Wunderbare kann aber nur mit dem „Nicht-Wunderbaren" verglichen werden. Da nun das letztere alles umfaſst, was in der Welt ist, sogar die Welt selbst, so können wir offenbar keinen weiteren Vergleichspunkt für die Erklärung des Wunderbegriffes aufstellen.

Hiermit wäre der erste Teil unserer Untersuchung beendet. Man könnte ihn als indirekte Entwicklung des Wunderbegriffes bezeichnen, da er nur zeigt, was nicht wunderbar ist. Allein da die in diesem Teile erläuterten allgemeinen Begriffe zugleich die Grundbegriffe sind, auf welche sich der Begriff des Wunders aufbaut, so enthält er auch schon einen Beitrag zur positiven Erläuterung des Wunderbegriffes. Die eigentliche positive Lehre über das Wunder wird in einer späteren Untersuchung folgen.

Da unsere Aufgabe dahin geht, die Lehre über das Wunder nach Thomas von Aquin zu entwickeln, so müssen wir in diesem ersten Teile:

1. zunächst ganz allgemein zu erkennen suchen, was bei Thomas als wunderbar, als ein Wunder bezeichnet wird. Dazu

führt uns a) die Erkenntnis des psychologischen Eindruckes, welchen ein Wunder auf den Menschen ausübt, d. h. die Lehre von der admiratio; b) die Erklärung der bei Thomas vorkommenden Ausdrücke für die wunderbaren Vorgänge, und c) die Erkenntnis der einzelnen Teilbegriffe, welche im Wunderbegriff enthalten sind.

2. Da aber das Wunder ein übernatürlicher Vorgang ist, der auf natürlichem Gebiete vor sich geht, so müssen wir auch diese beiden Gebiete des Natürlichen und des Übernatürlichen näher erläutern.

I. Die Psychologie des Wunders (admiratio).

1. Die deutschen Ausdrücke „Wunder", „sich wundern" und ähnliche hängen offenbar ebenso wie die lateinischen Ausdrücke miraculum, mirari u. s. w. innerlich miteinander zusammen. Thomas sagt S. theol. 1. qu. 105. art. 7.: nomen miraculi ab admiratione sumitur.[1] Danach wäre also ganz allgemein zu sagen, daſs die Bedeutung von miraculum aus dem Begriff der admiratio hervorgeht. Allein Thomas gebraucht nicht nur das Beiwort miraculosum, um das zu bezeichnen, was die admiratio im Menschen hervorruft, sondern noch die Ausdrücke admirabile, mirabile und besonders als Hauptwort auch mirum.

Es ist schwierig, im Deutschen alle diese Ausdrücke dem bei Thomas angewendeten Sinne gemäſs richtig wiederzugeben. Weder der Begriff des „Wunderlichen," noch der des „Bewunderungswürdigen" oder „Verwunderlichen", des „Staunens" oder „Erstaunlichen" fällt vollständig mit den eben genannten lateinischen Ausdrücken zusammen. Der Begriff „Wunderlich" kann zunächst am leichtesten ausgeschieden werden; denn entweder deutet er an, daſs der betreffende Effekt in dem Beobachter nicht nur Verwunderung hervorruft, sondern daſs derselbe Effekt ihm auch als unwahrscheinlich oder sogar als lächerlich erscheint. Alles dieses liegt weder im Begriff des admirabile, mirabile noch des mirum. Oder aber der Ausdruck „Wunderlich" soll bloſs

---

[1] Vgl. S. Thomae Aqu. Opera omnia. Parmae 1852 ff. Qu. disp. de Pot. qu. 6. art. 2. — Opus. 60. (De humanitate Christi) art. 15.

die Verwunderung ausdrücken; dann fällt er mit diesem letzteren Ausdruck zusammen. — Mehr voneinander zu trennen und zu unterscheiden sind schon die beiden Bezeichnungen: Verwunderung und Bewunderung. Gibt erstere rein objektiv nur an, dafs der Effekt, welcher in uns das bestimmte Gefühl der Verwunderung erweckt, anders beschaffen ist, als wir ihn erwarteten, so fügt der zweitgenannte Ausdruck noch etwas hinzu, nämlich ein Urteil über jenen Effekt, das erst aus einem Vergleich mit ähnlichen Effekten hervorgegangen ist. Das hinzugefügte Urteil besagt dann, dafs unser Staunen mit Hochachtung oder Ehrfurcht verbunden ist, dafs also in dem staunenerregenden Effekt etwas vorhanden ist, was über das Niveau des Alltäglichen, Durchschnittsmäfsigen hinausgeht.

Allein dieses Mehr liegt, wie wir später sehen werden, nicht immer in den von Thomas gebrauchten Ausdrücken admirabile, mirabile oder mirum; im Gegenteil, zuweilen schliefst er es direkt aus. Viel eher wäre der Ausdruck „Bewunderung" und, fügen wir gleich hinzu, auch „Staunen" und „Erstaunlich" auf das anzuwenden, was Thomas miraculum und miraculosum nennt. Die zuletzt genannten deutschen Ausdrücke „Staunen" und „Erstaunlich" können nämlich unter gewissen Umständen ebenfalls jenes Mehr in einem Effekt angeben, den Thomas miraculosum oder ähnlich nennt, sie können aber auch blofs objektiv, wie der Ausdruck „Verwunderung", bedeuten, dafs ein Effekt anders geartet ist, als wir ihn erwarteten. Somit bleibt uns nichts anderes übrig, als die lateinischen Ausdrücke bei Thomas näher zu untersuchen und sie später, nachdem ihre Bedeutung klargestellt ist, unverändert beizubehalten; sonst wird auch der mit ihnen verbundene Begriff, insbesondere jener des miraculum, undeutlich und unklar.

Alle jene Dinge, Effekte u. s. w., welche wir geneigt sind, als mirabilia, miraculosa, mira oder ähnlich zu bezeichnen, haben eine Bedeutung für uns selbst; sie stehen nicht für sich allein da, sondern üben einen ganz eigenartigen Einflufs auf uns aus. Die Wirkung dieses Einflusses auf uns mufs uns unbedingt einen Fingerzeig geben, was eigentlich die Ursache selbst, das mirum u. s. w. ist. Wir wollen daher von uns selbst gleichsam ausgehen, d. h. fragen, welche Art von Veränderung in uns entsteht, wenn wir einen solchen Effekt wahrnehmen, den wir mirabilis, miraculum, mirum u. s. w. nennen.

Thomas nennt diese Veränderung, Wirkung in uns admiratio. Unsere Untersuchung hat sich daher zunächst mit dem Wesen der admiratio zu beschäftigen.

2. Die Admiratio. Nach S. Th. 1. 2. qu. 41. art. 4. ist die admiratio eine der sechs Arten jenes Gefühls, welches Thomas timor nennt; mit Johannes Damasc. bezeichnet Thomas diese sechs Arten als segnities, erubescentia, verecundia, admiratio, stupor und agonia. Er fügt jedoch hinzu, dafs die admiratio nur nach einer bestimmten Seite hin eine Art timor sein könne, nämlich nur jene admiratio: quae est de magno malo, und im folgenden erklärt er dieses dadurch, dafs er sagt: admirans refugit in praesenti dare iudicium de eo, quod miratur, timens defectum. — Auch 2. 2. qu. 180. art. 3. betont Thomas, dafs die admiratio eine Art timor ist, fügt hier aber noch die Ursache hinzu, welche in uns jenes Gefühl der admiratio hervorruft: es entsteht dann, wenn wir irgend etwas wahrnehmen, über welches wir keine Macht haben, das also den Bereich unserer Kraft übersteigt.

Admiratio est species timoris consequens apprehensionem alicuius rei excedentis nostram facultatem: unde admiratio est actus consequens contemplationem sublimis veritatis.

Allein diese Seite der admiratio, durch welche sie ein Akt des Furchtgefühls wird, wird durch eine andere Seite ergänzt, welche gerade das Gegenteil von Furcht enthält, nämlich durch das Gefühl der Freude. Das erklärt Thomas 1. 2. qu. 32. art. 8. Er fragt hier direkt: utrum admiratio sit causa delectationis, und antwortet auf folgende Weise: Das zu erreichen, wonach man sich sehnt, bringt Freude hervor; je mehr daher die Sehnsucht, das Verlangen nach dem Besitz eines ersehnten, geliebten Gutes wächst, desto gröfser ist die Freude, wenn man diesen Besitz erreicht hat; ja, durch die Vermehrung des Verlangens kommt sogar auch eine Erhöhung der Freude zu stande, und in derselben Weise entsteht auch die Hoffnung auf den Besitz des geliebten Gutes, weil gerade die Sehnsucht, die aus der Hoffnung entspringt, Freude erregt. Die admiratio ist aber eine Art von Verlangen, etwas zu wissen, was man noch nicht weifs; dieses Verlangen entsteht im Menschen deshalb, weil er einen Effekt sieht, erkennt, dessen Ursache über seine individuelle Erkenntniskraft, ja sogar über seine menschliche Erkenntnisfähigkeit hinausliegt. Die admiratio ist daher eine Ursache zur Freude, insofern sie nämlich mit der Hoffnung verbunden ist, die Erkenntnis desjenigen zu erlangen, was man zu wissen sich sehnt.

Respondeo dicendum, quod adipisci desiderata est delectabile ... et ideo quanto alicuius rei amatae magis accrescit desiderium, tanto magis per adeptionem accrescit delectatio; et etiam in ipso augmento desiderii fit augmentum delectationis, secundum quod fit etiam spes rei amatae, sicut supra dictum est, quod ipsum desiderium ex spe est delectabile. Est autem admiratio desiderium quoddam sciendi; quod in homine contingit ex hoc, quod videt effectum et ignorat causam, vel ex hoc, quod causa talis effectus excedit cognitionem aut facultatem ipsius. Et ideo admiratio est causa delectationis, inquantum habet adiunctam spem consequendi cognitionem eius, quod scire desiderat.

Er fährt dann an derselben Stelle fort: Aus diesem Grunde sind also alle Dinge, ebenso Effekte, die wir admirabilia nennen, zugleich auch Dinge, an denen wir Freude haben, die ebenso Freude erregen, wie es alle Seltenheiten, Abbilder von Dingen thun, welche an und für sich nicht im stande sind, Freude zu erregen. Die Seele freut sich nämlich schon, wenn sie das eine mit dem andern vergleichen kann, weil, wie Aristoteles (Poetic. c. 4.) sagt, das Vergleichen von Dingen eine der Vernunft eigentümliche und angeborene, natürliche Thätigkeit ist. Daher ist, wie ebenfalls Aristoteles (Rhet. 1. c. 11) sagt, selbst die Befreiung aus grofsen Gefahren eine grofse Freude, weil sie eben das ist, was wir admirabile nennen.

Et propter hoc omnia admirabilia sunt delectabilia, sicut quae sunt rara et omnes repraesentationes rerum, etiam quae in se non sunt delectabiles. Gaudet enim anima in collatione unius ad alterum, quia conferre unum alteri est proprius et connaturalis actus rationis, ut Philosophus dicit in sua Poetica cap. 4.

Et propter hoc etiam liberari a magnis periculis magis est delectabile, quia est admirabile, ut dicitur in 1. Rhet. cap. 11.

Thomas geht hier also von dem Begriff der Freude aus: das Gefühl der Freude besteht in dem bewufsten Besitz eines ersehnten Gutes. Bevor dieses Gut erlangt ist, mufs die Sehnsucht nach seinem Besitz existiert haben. Die Sehnsucht, das Verlangen ist aber die Grundlage für zwei voneinander verschiedene Gefühle: für das Gefühl der Hoffnung und für das Gefühl der Verzweiflung. Die Sehnsucht hat nämlich als Objekt, auf welches sie gerichtet ist, ein Gut; ist mit diesem Objekt die Aussicht verbunden, das Gut, dessen Erwerb eine Schwierigkeit darbietet, in irgend einer Weise zu erreichen, so tritt Hoffnung ein; wenn eine solche Aussicht aber nicht vorhanden ist, so erfolgt Verzweiflung. Die Hoffnung ist daher das Mittelglied zwischen Sehnsucht und Freude. Als Mittelglied zwischen beiden hat sie auch an beiden Gefühlen Anteil: sie entspringt aus der Sehnsucht, dem Verlangen nach einem noch nicht in Besitz genommenen Gute; d. h. ihr Objekt ist ein bonum futurum, arduum, possibile adipisci, wie Thomas ebd. qu. 40. art. 1. zeigt. Sie drängt ferner nach dem Besitz dieses bonum futurum hin und hat daher auch schon einen Anteil an der Freude, welche vollkommen allerdings erst aus dem wirklichen Besitze des bonum entsteht; aus diesem Grunde ist auch die Freude, welche im Gefolge der Hoffnung entsteht, nur eine beschränkte. Denn, wie Thomas ebd. in der schon erwähnten qu. 32. art. 3. zeigt, entsteht die Freude aus dem Besitz des Gutes in zweifacher Weise: a) Secundum rem, prout scilicet unum alteri realiter coniungitur vel actu vel potentia; d. h. also entweder durch den wirklichen Besitz des Gutes oder aber durch den potentialen Besitz, d. h. durch die reale Möglichkeit, das betreffende Gut in Besitz zu bekommen. Auch die letztere Art und Weise des Besitzes ist realer Besitz und nicht blofses gedankliches Besitzen. Daher ist jene Befriedigung am gröfsten, quae fit per sensum, qui requirit praesentiam rei sensibilis. — b) Secundum cognitionem, prout scilicet cognitum est in cognoscente secundum suam similitudinem; d. h. also nur durch den gedanklichen Besitz eines Gutes. Die Befriedigung, welche aus dieser Art von Besitz hervorgeht, ist natürlich geringer als jene, die aus dem realen Besitz hervorgeht. Die Hoffnung aber, wie auch die Erinnerung umfassen diesen gedanklichen Besitz des bonum futurum resp. praeteritum; mithin sind beide auch Ursachen einer Freude, wenn dieselbe auch nur eine Freude geringeren Grades ist.

Nun ist aber gerade die admiratio nicht nur das rein objektive Staunen über irgend welche Dinge oder Effekte, die aufserhalb des Bereiches unserer Kraft liegen, sondern auch zugleich das mit dem Staunen unmittelbar verbundene Verlangen „zu wissen, was man noch nicht weifs", wie Thomas sagt, d. h. das Verlangen, den Grund, die Ursache für jene Effekte und Dinge kennen zu lernen, welche in uns Staunen erwecken. Durch diese Verbindung mit dem Verlangen, der Hoffnung wird daher die admiratio zur Quelle, Ursache der Freude.

Wir können also an der admiratio zwei Seiten unterscheiden: mit der einen Seite neigt sie sich zur Furcht hin. Daher sagt Thomas 1. 2. qu. 41. art. 4.: Admirans refugit in praesenti dare iudicium de eo quod miratur, timens defectum. Der Grund für diese Furcht ist klar: der admirans kann nicht über etwas urteilen, was er nicht kennt; seiner Erkenntnis ist aber in diesem Falle die eigentliche Ursache für den Effekt entzogen, der in ihm die admiratio hervorruft. Daher sagt Thomas auch Quaest. disp. de Pot. qu. 6. art. 2.: Ad admirationem duo concurrunt, quorum unum est, quod causa illius, quod admiramur, sit occulta. — Mit der anderen Seite jedoch neigt sich die admiratio zur Freude, zur Befriedigung, ja, sie bringt selbst schon eine Art Befriedigung hervor, insofern der admirans das Gut, dessen realen Besitz er erstrebt, schon in seinen Gedanken, in seiner Phantasie festhält. Das Gut, welches der admirans in diesem Falle real zu besitzen verlangt, nach welchem er sich also sehnt, ist die volle Erkenntnis der Ursache für jenen Effekt, der in ihm die admiratio erweckt. Daher fügt Thomas an der erstgenannten Stelle 1. 2. qu. 41. art. 4. sofort hinzu: sed in futurum inquirit. Und an der zweiten Stelle Quaest. disp. de Pot. qu. 6. art. 2. gibt er hierfür gleichsam den Grund an: Secundum est, quod in eo, quod miramur, appareat aliquid, per quod videatur contrarium eius debere esse, quod miramur. In diesen Worten gibt Thomas sogar zwei verschiedene Gründe dafür an, daſs die admiratio Freude in dem admirans hervorruft. Denn er sagt: 1) daſs der Effekt, über den wir uns wundern, nicht ein gewöhnlicher sein kann, sondern einer, der in irgend einer Weise über das für den admirans gewöhnliche, bekannte Maſs hinausragt. So müssen wir nämlich seine Worte: „quod ... appareat aliquid, per quod videatur contrarium eius debere esse quod miramur" verstehen. Das, was der admirans also an dem betreffenden erstaunlichen Effekt einsieht, erkennt, müfste eigentlich Ursache für den entgegengesetzten Effekt sein; diesen entgegengesetzten Effekt erwartet er, weil er weiſs, daſs er für gewöhnlich eintritt, wenn jene Ursachen wirken, welche er allein an dem erstaunlichen Effekt erkennt. Sein Erstaunen rührt also daher, daſs er glaubt, die Ursachen jenes Effektes erkannt zu haben, und doch wiederum sich sagen muſs, daſs er die wahren Ursachen nicht erkannt hat; denn wäre das, was er für die wahren Ursachen glaubt halten zu müssen, wirklich die wahren Ursachen, so müfste ja der entgegengesetzte Effekt, das contrarium eius quod miramur, eingetreten sein.

Das Streben des admirans muſs sich also auf die vollständige Erkenntnis des Effektes richten, besonders auf die Erkenntnis seiner wahren Ursache. Das fordert der natürliche Wissenstrieb, der nicht eher befriedigt ist, als bis wir ein Objekt aus seiner Ursache erkannt haben. Dieses Streben ist aber das Streben nach einem wirklichen bonum, weil jede Vermehrung unseres Wissens ein bonum ist. Und dieses bonum ist hier sogar ein bonum arduum: denn der admirans kennt noch nicht die eigentliche Ursache eius quod miratur; es ist also in jedem Falle geeignet, uns zur Erreichung desselben anzuspornen, es erweckt das desiderium nach seinem thatsächlichen Besitz. Es ist ferner ein bonum futurum: denn erst, wenn wir die wahre Ursache erkannt haben, ist es in unserem realen Besitz. Es kann endlich auch ein bonum possibile adipisci sein, nämlich dann, wenn die causa occulta überhaupt von uns erkannt werden kann; das kann der admirans aber von vornherein nicht wissen, sonst würde er ja diese causa schon kennen, sie wäre also keine causa occulta.

Daher inquirit admirans in futurum, was er noch nicht weifs, d. h. jene causa occulta. Weil zuletzt dieses inquirere ein Streben nach dem Besitz eines bonum ist, so entsteht auch sofort das Verlangen und die Hoffnung, diesen Besitz zu erreichen; d. h. die admiratio bringt jene Befriedigung hervor, welche mit dem Verlangen und der Hoffnung, wie früher gezeigt, unmittelbar verbunden ist. Mit Recht mufs man daher auch die admiratio eine Quelle, Ursache der Freude oder Befriedigung nennen.

2) Allein in den Worten: quod in eo quod miramur appareat aliquid, per quod videatur contrarium eius debere esse, quod miramur, liegt noch ein anderer Grund, weshalb wir die admiratio als Quelle der Freude bezeichnen müssen. Jede Ursache ist nämlich aus ihrer Wirkung zu erkennen, der Effekt spiegelt daher auch die Ursache in sich selbst wider.[1] Daher ist der effectus admirabilis für den admirans noch mehr als der blofse Grund für sein Streben nach Erkenntnis der causa occulta: er ist auch der letzteren in gewisser Weise ähnlich. Auf den effectus admirabilis ist mithin ebenfalls das anzuwenden, was Thomas 1. 2. qu. 32. art. 8. zum Vergleich hinzugefügt hatte: dafs nämlich auch die Seltenheiten und Abbilder von Dingen schon Freude erwecken können. So müssen wir also auch wegen dieses zweiten Punktes die admiratio als Ursache und Quelle der Freude bezeichnen.

Die admiratio ist daher:

1. ein Gefühl der Furcht, welches im admirans entsteht, weil er die eigentliche Ursache der res admirabilis nicht erkennt; dieser Defekt seiner Erkenntnis, der möglicherweise auch in Zukunft nicht behoben werden kann, ist das Element, welches die admiratio zu einer Art Furcht macht.

2. Die admiratio ist aber auch eine Ursache der Freude, weil mit ihr nicht nur die Hoffnung verbunden ist, doch in Zukunft vielleicht die eigentliche Ursache der res admirabilis zu erkennen, sondern auch weil die res admirabilis wegen ihrer Ähnlichkeit mit der causa occulta selbst schon eine Art von Freude im admirans erwecken kann.

---

[1] Vgl. S. th. I. qu. 4 art. 2. 3.

Die erstere Seite ist das wesentliche Moment in der admiratio, die zweite dagegen ist nur eine Folge der ersteren, also eine kausative Eigenschaft. Daher stellt Thomas mit Recht die admiratio als Unterart nicht zur Freude, sondern zur Furcht.

Haben wir somit das Wesen der admiratio erkannt, so müssen wir jetzt den Effekt kennen lernen, der als res admirabilis jenes Gefühl der admiratio in uns hervorruft.

Diese res wird aber von Thomas bald admirabilis, bald mirabilis genannt, bald als mirum oder als miraculum bezeichnet. Wir müssen daher zunächst die Bedeutung dieser einzelnen Bezeichnungen näher untersuchen.

II. Die Terminologie des Wunders.

Zunächst ist es klar und so finden wir es auch bei Thomas, daſs die Bezeichnungen admirabile und mirabile in identischer Weise gebraucht werden.[1]

Nicht so klar liegt die Sache bei dem Verhältnis zwischen diesen beiden Bezeichnungen und den Ausdrücken mirum und miraculum.

Sehen wir daher zunächst, was Thomas unter mirabile resp. admirabile versteht.

1. Mirabile.

In der Quaest. unica de Spir. Creat. art. 2. antwortet Thomas auf den 6. Einwand in der Frage: utrum substantia spiritualis possit uniri corpori folgendes: mirabilius est, quod Deus ex paucis granis tantam segetum multitudinem producit, quae sufficiat ad totius humani generis satietatem, quam quod ex quinque panibus quinque millia hominum satiavit.

Hier werden also zwei Thatsachen einander gegenübergestellt:
1) die Sättigung des ganzen Menschengeschlechts durch wenige Fruchtkörner, und
2) die Sättigung von 5000 Menschen durch fünf Brote (und 2 Fische, das zweite Mal durch 7 Brote und wenige Fische), wie sie von Christus bewirkt wurde.[2]

---

[1] Vgl. Quaest. disp. de Pot. qu. 6. art. 2.
[2] Vgl. Marc. 6, 36 ff; 8, 1—10; Jo. 6, 5; Luc. 9, 12 ff. Matth. 14, 15—21.

Die erstgenannte Thatsache ist diejenige, welche sich täglich in der Welt vollzieht; wir bezeichnen sie nicht nur als alltäglich, gewöhnlich, sondern wir wundern uns auch gar nicht über sie, weil wir eben genau erkennen, woher eine solche Sättigung der ganzen Welt durch nur wenige Samenkörner kommt, wie sie möglich wird. Trotzdem müssen wir sie als eine res mirabilis, als eine wunderbare oder richtiger gesagt bewunderungswürdige Thatsache bezeichnen, wenn wir nämlich ihren Urheber, ihren Zweck, ihre Bedeutung für die Erhaltung des ganzen Menschengeschlechtes, also auch ihre gewaltigen Wirkungen betrachten.[1]

Ganz anders verhält es sich mit der zweitgenannten Thatsache: der Urheber dieser letzteren, der Sättigung von 5000 Menschen durch nur fünf Brote, ist nämlich derselbe, welcher auch die Sättigung der ganzen Welt durch wenige Samenkörner bewirkt; die Folgen sind aber an und für sich geringer, verhältnismäfsig jedenfalls nicht gröfser oder bedeutender als diejenigen der erstgenannten Thatsache. Und doch nennen wir diese zweite Thatsache, die Speisung von 5000 Menschen durch wenige Brote, nicht mehr blofs bewunderungswürdig, sondern direkt wunderbar, ein Wunder, nicht eine res mirabilis, sondern ein miraculum. Das, was nur bewunderungswürdig ist, gilt aber an und für sich gegenüber dem, was wir direkt wunderbar, ein Wunder nennen, als etwas Geringeres. Es ist daher klar, dafs hier mirabilia nicht dasselbe bezeichnen kann, wie das, was Thomas sonst miraculum nennt.

Trotzdem unterstellt Thomas hier beide erwähnten Thatsachen einer einzigen Bezeichnung, er nennt sie beide res mirabiles; nur beansprucht er für die erstgenannte Thatsache eine Steigerung des Begriffes mirabile. Daher mufs letzterer ein Gattungsbegriff sein, unter welchem mehrere Arten von mirabilia enthalten sind oder zusammengefafst werden. Der Begriff des mirabile mufs also auch gewisse Merkmale haben, welche das miraculum besitzt, nämlich die Gattungsmerkmale, während der Begriff des miraculum durch eine differentia specifica von dem Gattungsbegriff mirabile als ein Artbegriff zu unterscheiden ist.

---

[1] Vgl. S. Augustin., Tract. 9. in Joan. n. 1. Tract. 24. in Joan. n. 1.

In der Expos. super Ps. 4. sagt Thomas: Quilibet etiam iustus mirabilis est; quia maiora sunt opera iustitiae quam miracula exteriora. Hier wird der Gerechte mirabilis wegen seiner opera genannt. Diese opera sind die Werke der Gerechtigkeit, opera iustitiae. Letztere umfassen alle inneren Willensakte des Gerechten, die Akte des Glaubens, der Hoffnung, der Liebe, kurz, alle Wirkungen der gratia sanctificans. Ihr steht die gratia actualis gegenüber. Greift Gott durch diese letztere nur bei einzelnen Handlungen des Menschen ein, so versetzt er durch die gratia sanctificans, habitualis, die menschliche Seele in einen dauernden Zustand der Gottähnlichkeit. Dadurch hebt sich die letztere Gnade selbst vor der gratia actualis als eine weit höhere hervor. Die operatio miraculorum ist aber keine Wirkung der gratia habitualis, sondern als actio transiens eine Wirkung der gratia actualis, wie Thomas 2. 2. qu. 178. art. 1., S. contra Gent. l. 3. cap. 154, ebenso Quaest. disp. de Pot. qu. 6. art. 4. zeigt. Dadurch wird der oben angeführte Satz: opera iustitiae maiora sunt quam miracula exteriora verständlich. Die Werke der Gerechtigkeit sind eben deshalb größer als die Wunder, weil sie die Wirkungen einer höheren Gnade sind.

Ist nun der Gerechte mirabilis wegen seiner opera iustitiae, so tragen diese letzteren selbst in sich die Merkmale der mirabilitas. Und steht ferner die mirabilitas der opera iustitiae höher als das, was uns bei den miracula in Verwunderung und Staunen versetzt, so müssen wir auch aus dieser Stelle den Schluß ziehen, daß der Begriff des mirabile der höhere oder, wie vorher gezeigt, der Gattungsbegriff ist, während der Begriff des miraculum als Artsbegriff unter ersterem enthalten sein muß.

2. Mirum im allgemeinen.

Wie verhalten sich nun die Bezeichnungen mirabile und miraculum zu der dritten Bezeichnung mirum?

1. In der S. theol. 1. qu. 105. art. 7. gibt Thomas eine nähere Beschreibung dessen, was er unter mirum versteht. Er fragt in diesem Artikel: Utrum omnia quae Deus facit praeter ordinem naturalem rerum sint miracula. Er bejaht die gestellte Frage, indem er von der etymologischen Verwandtschaft des Ausdruckes miraculum

mit admiratio ausgeht. Admiratio entsteht: cum effectus sunt manifesti et causa occulta, wie z. B. schon Verwunderung entstehen kann, wenn man eine Sonnenfinsternis bemerkt, ohne die Ursache derselben zu erkennen. Diese Thatsache kann schon ein mirum sein, z. B. für den rusticus, den ungebildeten Landmann, während ein astrologus sich über dieselbe Thatsache in keiner Weise wundert, weil er ihre Ursache kennt. Eine Thatsache kann also im allgemeinen als mirum bezeichnet werden, wenn irgend ein Mensch die Ursache des von ihm bemerkten Effektes nicht kennt. Oder: der Begriff des mirum umfaßt alle jene Effekte, deren Ursache von diesem oder jenem Menschen nicht erkannt wird.

Respondeo dicendum, quod nomen miraculi ab admiratione sumitur. Admiratio autem consurgit, cum effectus sunt manifesti et causa occulta; sicut aliquis admiratur, cum videt eclipsim solis et ignorat causam ... Potest autem causa effectus alicuius apparentis alicui esse nota, quae tamen alii est incognita. Unde aliquid est mirum uni, quod non est mirum alii, sicut eclipsim solis miratur rusticus, non autem astrologus.

Es ist klar, daß nach dieser Erklärung der Begriff des mirum auch auf jene Effekte anzuwenden ist, deren Ursache von keinem Menschen erkannt wird oder sogar nicht erkannt werden kann. Solche Effekte nennt man aber Wunder: miraculum autem dicitur quasi admiratione plenum, quod scilicet habet causam simpliciter et omnibus occultam.[1] Mithin folgt aus dieser Darlegung, daß auch der Begriff des mirum in irgend einer Weise umfassender ist als der des miraculum; daß ersterer also ebenfalls der Gattungsbegriff gegenüber dem miraculum als Artsbegriff ist.

Es folgt ferner, daß mirum identisch ist mit mirabile und admirabile. Das wird jedoch noch klarer aus folgender Stelle. Im Kommentar zum 2. Buch der Sentenzen, dist. 18. qu. 1. art. 3. setzt Thomas den Ausdruck admirabile gleich mirum. Wenn er nämlich sagt: admirabile huic est id, cuius causa occulta est sibi et cui videtur secundum suam aestimationem ali-

---

[1] Vgl. die im Texte eben angegebene Stelle, sowie 1. 2. qu. 113. art. 10. — 2. Sent. dist. 18. qu. 1. art. 3. — Ctr. Gent. l. 3. cap. 101. — Quaest. disp. de Pot. qu. 6. art. 2. u. a.

quid obviare, quare non ita esse deberet — so ist dieses admirabile huic dasselbe, was er S. theol. 1. qu. 105. art. 7. mit aliquid est mirum uni quod non est mirum alii bezeichnet hatte. An derselben vorhin genannten Stelle setzt Thomas ferner auch noch das admirabile huic einem admirabile in se entgegen und identifiziert letzteres bald nachher mit einem mirum in se. Dasselbe geschieht noch an mehreren anderen Stellen.[1]

Thomas unterscheidet demnach zwei Arten von mira resp. admirabilia oder mirabilia. Die eine dieser Arten nennt er das mirum (admirabile) huic, die andere das mirum (admirabile) in se. Diese Unterscheidung zeigt also deutlich, dafs der Begriff des mirum (ohne Hinzufügung einer näheren Bestimmung) der allgemeinere, der Gattungsbegriff sein mufs, der selbst wieder Unterarten enthalten kann, von welchen die eine das mirum huic ist,

---

[1] Vgl. Quaest. disp. de Pot. qu. 6. art. 2.: .... et ex hoc contingit, quod id, quod est uni mirum vel admirabile, non est mirum vel admirabile alteri. — Die beiden an dieser Stelle genannten Arten mirum in actu und mirum in potentia sind nur Unterscheidungen des mirum secundum se oder in se, also des miraculum. Das mirum secundum se in actu wären dann die verwirklichten Wunder, mirum secundum se in potentia zunächst die noch nicht verwirklichten, zukünftigen Wunder, z. B. die resurrectio mortuorum am Ende der Welt, die zukünftigen Transsubstantiationen und ähnliche Wunder der Zukunft; hierher gehören aber auch alle jene Wunder, welche Gott wirken könnte, wenn er wollte, auch wenn er sie niemals wirken wird. Die Möglichkeit dieser Wunder ist in Gottes Allmacht begründet, die ebensowenig wie die instrumentale Wundermacht Christi im Laufe der Zeiten erschöpft werden kann. So wie Gott stets ohne Ende neue Welten schaffen könnte, obwohl er es nicht thun wird, so auch könnte er stets neue und andere Wunder produzieren. — An derselben Stelle identifiziert Thomas auch die mira quoad nos und die mirabilia. — Ferner: Expos. in Epist. 2. ad Thessalon. cap. 2.: quae habent causam occultam alicui et non simpliciter, dicuntur quidem mira et non miracula simpliciter. Unter mira sind hier wieder, wie aus den vorausgehenden Worten erhellt, die mirabilia gemeint, die Thomas ja auch mira quoad nos, mira huic nennt, da sie eben nur für den einen oder anderen, nicht für alle, oder schlechthin als mira erscheinen. Auch die an dieser Stelle erwähnten mira, quae non sunt praeter ordinem naturae, sed habent causas occultas, und die von den Dämonen, wie auch vom Antichrist gewirkt werden können, sind nichts anderes als die mira quoad nos und zwar naturalia.

die andere dagegen das mirum in se — miraculum, als ein mirum admiratione plenum.

Das Resultat unserer Untersuchung ist also:
1) Die völlige Identifizierung der drei Ausdrücke admirabile, mirabile und mirum, und
2) die Gegenüberstellung des mirum (admirabile, mirabile) und miraculum (miraculosum), in welcher mirum etc. den Gattungsbegriff, miraculum dagegen einen Artsbegriff bildet.

2. Gewisse Übereinstimmungen in den Thatsachen und Vorgängen der Naturwelt belehren uns darüber, dafs in dieser letzteren bestimmte Kräfte wirken, welche stets auch bestimmte gleichbleibende Effekte hervorbringen. Sehen wir daher dieselben Ursachen oder Kräfte wirken, so erwarten wir auch dieselben Effekte von ihnen, und umgekehrt, erkennen wir einander gleiche Effekte, so schliefsen wir daraus, dafs sie aus gleichen Ursachen hervorgegangen, dafs sie Effekte gleicher als Ursachen wirkender Kräfte sind.

Diese ganz allgemeinen Erfahrungsgesetze werden jedoch sofort über den Haufen geworfen, sobald wir zwar glauben, bestimmte, uns nicht unbekannte Ursachen wirken zu sehen, aber trotzdem erkennen müssen, dafs aus diesen anscheinend bekannten Ursachen Wirkungen entstehen, die wir sonst als Wirkungen dieser uns bekannten Ursachen nicht kennen, die vielleicht sogar den von uns erwarteten Wirkungen diametral entgegengesetzt sind. Unser Verstand steht in einem solchen Falle vor einem augenblicklich unlösbaren Rätsel: wir erstaunen, wir wundern uns. Und wir wundern uns, weil wir im Augenblick erstens nicht begreifen können, dafs gerade dieser Erfolg, gerade diese Wirkung eingetreten ist, während wir eine ganz andere Wirkung erwarteten; zweitens, weil wir auch nicht erkennen können, warum gerade dieser Erfolg eingetreten ist und nicht jener, den wir erwartet hatten.

Als Berthold Schwarz, wie es die volkstümliche Erzählung will, daran ging, Salpeter, Holzkohle und Schwefel zu mischen, that er es in dem Bewufstsein und in der Erwartung, dafs der Effekt dieser Mischung ein ganz und gar gefahrloser sein würde;

als aber der wirkliche Effekt, die Explosion, eintrat, da wunderte er sich erstens, weil er einen anderen Effekt erwartet hatte, und zweitens, weil er nicht gleich die Ursachen des Geschehenen, der Explosion genau erkannte.

Ähnlich ist der Gang der Erklärung, den Thomas in seinem Kommentar zum 2. B. der Sentenzen dist. 18. qu. 1. art. 3. einschlägt, um zu zeigen, was der eigentliche Grund der admiratio sei. Er sagt dort: Admiratio ex duobus causatur; scilicet ex hoc, quod alicuius effectus causa occulta est, et ex eo, quod aliquid in re videtur per quod aliter esse deberet; unde in hoc, quod est diametrum quadrati, non posse commensurari lateri, admiratio causatur ex hoc, quod huius causa ignoratur, et ex hoc, quod ex parvitate linearum videtur, quod una alteri commensurari possit.

Die beiden hier bei Thomas und vorhin angegebenen Gründe oder Ursachen der admiratio finden sich aber in dem einen Effekt, den wir das mirum nennen. Das mirum ist es also, welches aus zwei Gründen die admiratio hervorruft: einerseits, weil in der Thatsache, in dem Effekt, über den wir uns wundern, etwas oder eine Ursache vorhanden zu sein scheint, derentwegen wir gerade etwas anderes, einen anderen Effekt erwarteten, eine Ursache also, welche nicht den thatsächlichen, sondern einen anderen Effekt hätte hervorbringen müssen; und andercrseits, weil die Ursache des thatsächlichen Effektes verborgen ist, von uns nicht erkannt werden kann.

3. Unter diesen ganz allgemeinen Begriff des mirum als einer Thatsache, welche in uns Verwunderung erregt, weil ihre eigentliche Ursache dunkel, uns verborgen ist, und weil wir Grund zu haben glauben, dafs sie — die Thatsache — gerade anders beschaffen sein müfste, fallen naturgemäfs viele Dinge und Ereignisse, die sowohl oft wie auch selten im täglichen Leben vorkommen können; aber auch solche Thatsachen und Effekte, die gar nicht dem täglichen Leben, nicht einmal dem gewöhnlichen sogenannten Naturverlauf anzugehören scheinen. Unsere Verwunderung kann ebensogut eine ungewöhnliche Fruchtbildung, wie z. B. die durch künstliche Zuchtwahl hervorgebrachten Formen der Kürbisse, wie auch die Erfindung des Schiefspulvers

erregen, ebensogut das Niederfallen von Meteoriten, das Entstehen und Verschwinden der Sonnenflecke, wie auch die plötzlichen Umstimmungen im Gefühlsleben der Menschen und Tiere. Noch viel mehr aber setzen uns eine plötzliche Krankenheilung oder historisch beglaubigte Nachrichten von Totenerweckungen u. dgl. in Verwunderung. An allen diesen und ähnlichen Thatsachen sind es aber immer wieder dieselben zwei Momente, welche unser Erstaunen, die admiratio erregen: 1. die bestimmte Erwartung eines anderen Effektes als desjenigen, den wir thatsächlich wahrnehmen, und 2. die Unmöglichkeit, den wahren Grund, die wahre Ursache für die Entstehung des fraglichen Effektes, der unsere Verwunderung verursacht, sofort zu erkennen.

Sichten wir jedoch die vielen möglichen Fälle, so werden wir alsbald einen wesentlichen Unterschied unter ihnen wahrnehmen können, und zwar so, dafs wir ganz klar zwei Hauptarten von mira unterscheiden müssen. Diesen Gedanken führt daher auch Thomas an der vorhin erwähnten Stelle weiter: Contingit ergo aliquid esse admirabile (= mirum) simpliciter et aliquid esse admirabile (= mirum) quo ad hunc.

Es ist offenbar nicht notwendig, dafs jeder Vorgang, jeder Effekt, sobald er unter die Klasse der mira fällt, immer nur dieselbe Art des Erstaunens in dem Beobachter hervorrufen mufs. Der gröfsere oder geringere Grad unseres Erstaunens ist nämlich von dem gröfseren oder geringeren Grade der Erkenntnis jener beiden Eigenschaften abhängig, welche den Begriff des mirum konstituieren. Je mehr sich daher die Ursache eines Vorganges, Effektes, den wir „verwunderlich" zu nennen gezwungen sind, unserer Erkenntnis entzieht, desto gröfser mufs auch offenbar unser Erstaunen werden; und andererseits: je besser wir erkennen, dafs in demselben Effekt ein Grund vorhanden ist, kraft dessen er eigentlich ganz und gar anders, ja, das Gegenteil von dem sein müfste, was er ist, desto mehr wächst ebenfalls unsere Verwunderung. Das letztgenannte Merkmal bezieht sich also eigentlich ebenso wie das erstere auf eine Ursache in dem erstaunlichen Effekt, aber auf eine Ursache, die wir klar erkennen und eigentlich als Hervorbringerin dieses

Effektes betrachten müfsten. Allein so gut wir sie auch erkennen, ebenso klar sehen wir, dafs sie nicht die Ursache für den wahrgenommenen Effekt sein kann, da sie gerade den entgegengesetzten Effekt hätte hervorbringen müssen, wenn sie in Thätigkeit getreten wäre.

Nehmen wir ein Beispiel! Das Gesetz der Schwerkraft bedingt für jeden ihm unterworfenen Körper, dafs er zur Erde niederfällt, wenn er von ihr durch einen von sonstigen Hindernissen freien Luftraum getrennt wird. Allein jedes Stückchen Eisen, das sonst diesem Gesetze gehorchen würde, wird durch einen in seine Nähe gebrachten Magnet zu der entgegengesetzten Thätigkeit gezwungen. Wir erkennen in diesem Beispiel ganz klar, dafs in dem Eisenstückchen eine Ursache vorhanden ist und bleibt, welche eigentlich das Gegenteil von dem zu stande bringen müfste, was wirklich geschieht: nämlich das Hinabfallen zur Erde statt des Aufstieges zum Magneten. Der von uns erwartete Effekt wird aber durch die Einwirkung einer anderen Ursache verhindert, deren äufseres Organ, den Magnet, wir zwar kennen, die aber selbst — ebenso wie auch der Erdmagnetismus — in ihrem eigentlichen Wesen und besonders in ihrem Verhalten zur Schwerkraft noch nicht vollständig erkannt ist. Wir können also immerhin auch diesen Effekt noch ein mirum nennen.

Gröfseres Erstaunen vermögen in uns viele Fälle von aufserordentlichen Krankenheilungen selbst durch medizinische Mittel zu erregen. Die Infektionserscheinungen z. B., welche der Löfflersche Diphtheriebacillus bewirkt, sind bekannt sowohl nach der Seite der Begleiterscheinungen, wie auch nach der Seite des schliefslichen Verlaufes der dadurch entstandenen Erkrankung; im weit vorgeschrittenen Stadium derselben kann der Arzt die Diagnose nur auf baldigen Tod stellen, sei es, dafs dieser, wie es ja bei Kindern häufig vorkommt, durch Ersticken oder als Folge einer Herz- oder Nierenaffektion, oder infolge des allgemeinen Kräfteschwundes eintritt. Wenn nun derselbe Arzt trotzdem in diesem hoffnungslosen, verzweifelten Stadium, ohne eigentlich eine ernsthafte Hoffnung auf Erfolg zu hegen, das Diphtherieserum anwendet — ein solcher Fall ist mir bekannt —, so ist die darauffolgende plötzliche Zurückdrängung z. B. der

Vergiftungserscheinungen, die Abstofsung der nekrotischen Membrane, die Vernarbung der Schleimhäute, die schliefsliche Heilung des Erkrankten ein Effekt, der dem Arzt offenbar ein mirum bleibt, der ihn in Erstaunen setzen mufs. Denn in der Krankheit lag, nachdem sie so weit fortgeschritten war, gleichsam die Tendenz, den Tod des Erkrankten herbeizuführen, d. h. es existierte in dem letzteren eine Ursache — die Bacillen resp. ihre Toxine —, welche unfehlbar den Tod bewirkt hätte, wenn sie in ihrer Wirksamkeit nicht behindert worden wäre; und andererseits bleibt die Ursache für den wirklich geschehenen Effekt, für die Heilung, doch schliefslich verborgen, auch wenn der Arzt diesen Effekt dem Serum zuschreiben mufs. Da er aber weder die plötzliche Besserung erwartet hatte, noch sofort genau erkennen kann, wie dieselbe eintrat, so bleibt auch eine solche plötzliche Heilung ein mirum.

Wenn wir nun diese beiden angeführten Beispiele näher betrachten, so können wir zwar stets, wie Thomas es thut, zweierlei an ihnen unterscheiden, was sie zu mira macht: die causa occulta und die Ursache in demselben Dinge, derentwegen letzteres eigentlich anders beschaffen sein sollte. Und doch kann man auf das erste dieser beiden Momente des mirum auch das Hauptgewicht legen. Denn jene causa occulta bringt nicht nur durch ihr Vorhandensein und Wirken das hervor, was wir mirum nennen, sondern sie ist es auch, welche durch ihr Wirken die Thätigkeit der für uns erkennbaren Ursache verhindert. Die Ursache z. B., welche in dem vorhin erwähnten Falle einer unerwarteten Krankenheilung thätig war, hat nicht nur diesen Effekt bewirkt, sondern auch jenen anderen erwarteten Effekt, den Tod, verhindert. Wir können also die Thatsache, dafs bei einem Effekt, welchen wir mirum nennen, die eigentliche Ursache verborgen bleibt, als den Hauptgrund bezeichnen, weshalb wir in Erstaunen geraten.

Diese doppelte Betrachtung der Ursachen für die admiratio oder für die Anerkennung des mirum erklärt sich aus den verschiedenen Gesichtspunkten, welche wir hierbei gelten lassen können. Vom psychologischen Standpunkt nämlich müssen wir stets fragen, wie der Effekt in uns vorhanden ist, d. h.

was in uns entsteht, wenn wir eine res mira bemerken. Von diesem Gesichtspunkte aus betrachtet hat das mirum jene zwei Eigenschaften, die schon des öfteren erwähnt wurden und die auch Thomas anführt: das Verborgensein der wirklichen Ursache und das Hervortreten einer Ursache, die eigentlich in dem mirum wirken müfste, aber durch jene erstere Ursache am Wirken verhindert wird. — Vom ontologischen oder metaphysischen Standpunkt jedoch fragen wir nur, wie das mirum entstanden ist, und von dieser Seite aus betrachtet hat dann das mirum nur ein Kennzeichen: es ist ein Effekt, der wie alle anderen Effekte von irgend einer wahren Ursache bewirkt worden ist; freilich, diese Ursache erkennen wir hierbei entweder nicht gleich oder überhaupt nicht.

Eine Fortführung der Lehre über das mirum vom metaphysischen Standpunkte hätte mithin nach der metaphysischen Ursache weiter forschen müssen, ohne zu fragen, in welchem Verhältnis wir, die admirautes, zu ihr stehen. Allein, das ist an und für sich unmöglich, wenn diese Ursache unerkennbar ist und bleibt. Ist sie aber nicht völlig unerkennbar, so ist durch dieses Merkmal der Erkennbarkeit auch sofort jenes andere Moment in die weitere Untersuchung gezogen, welches die Grundlage der psychologischen Betrachtung bildet.

Aus diesem Grunde konnte auch Thomas diese Frage nur vom psychologischen Standpunkte aus weiter verfolgen. Das thut er sowohl an der Stelle, von der wir in der Untersuchung über das mirum ausgegangen sind, wie auch an anderen Stellen, z. B. in Quaest. disp. de Pot. qu. 6. art. 2.

3. Mirum quoad nos.

1. Ein jegliches mirum ist von einer Ursache hervorgebracht worden, welche als Ursache dunkel, verborgen, unbekannt ist. Es fragt sich hier: wem ist diese Ursache unbekannt?

Dem Franziskaner Berthold Schwarz war die Ursache der Explosion unmittelbar nach der Mischung von Kohle, Salpeter und Schwefel noch nicht bekannt, wahrscheinlich aber bald nachher, nachdem er den Effekt näher untersucht hatte. Den meisten Menschen wird sie heutzutage ebenfalls bekannt sein.

Trotzdem wird niemand leugnen, dafs es auch heute noch solche rustici gibt, die sich in derselben Lage und Unwissenheit befinden, wie jener Mönch unmittelbar nach dem Effekt. Ein solcher rusticus würde also ebenfalls in Erstaunen geraten, wenn er denselben Vorgang wahrnähme, und dieser Vorgang wäre für ihn ein mirum, ein admirabile, weil er seine Ursache nicht erkennt. Thomas bringt S. theol. 1. qu. 105. art. 7. ein anderes klares Beispiel: Ein Astronom wird sich über eine Sonnenfinsternis auf keine Weise wundern, wenn sie sich nach donselben Gesetzen vollzieht, welche die Astronomie für diese Ereignisse als feststehend anerkannt hat; für einen Ungebildeten, einen Landmann, der keine Ahnung von der Gestalt und der Bewegung der Gestirne, der Erde u. s. w. hat, wird diese „Himmelserscheinung" stets das Gepräge des Wunderbaren an sich tragen, und er wird sich darüber wundern.

Aus diesem folgt evident, dafs es Thatsachen, Effekte gibt, welche dem einen bezüglich des Verhältnisses zwischen ihrer Ursache und deren Wirkung ganz klar, dem andern aber ebenso dunkel sind. Nur der Letztere kann solche Effekte erstaunlich, wunderbar, mira nennen: ihm ist einerseits die Ursache für das Entstehen des mirum dunkel, verborgen, und ihm scheint es andererseits auch so, als ob in dem mirum eine Ursache vorhanden sei, die eigentlich gerade das Entgegengesetzte hätte hervorbringen müssen, freilich nur, wenn sie hätte wirken können.

Daher sagt Thomas Quaest. disp. de Pot. qu. 6. art. 2.: Quoad nos quidem (scil. contingit esse aliquid mirum), quando causa effectus, quem miramur, non est occulta simpliciter, sed occulta huic vel illi, nec in re, quam miramur, est dispositio repugnans effectui quem miramur secundum rei veritatem, sed solum secundum opinionem admirantis.

Hieraus folgt dann weiter, dafs derselbe Effekt dem einen als ein mirum erscheinen kann, dem anderen aber ganz und gar nicht. Wenn der rusticus nichts über die Bewegung der Sonne und Erde weifs, so kann doch der astrologus etwas darüber wissen. Thomas sagt ebd.: Ex hoc contingit, quod id, quod est uni mirum vel admirabile, non est mirum vel admirabile alteri; sicut sciens virtutem calamitae per doctrinam vel experimentum non miratur praedictum effectum (scil. ferrum ad calamitam ascendens), ignorans autem miratur.

2. Auf dem Gebiete des admirabile oder mirum quoad nos können sich daher im allgemeinen alle Unterschiede des Wissens und der Erkenntnis äufsern. Mit diesem ganz allgemeinen Begriff des mirum quoad nos konnte sich aber Thomas unmöglich zufrieden geben.

Denn ganz abgesehen von den Thatsachen, welche zwar allen ungebildeten Menschen stets als mira, als unerklärbar erscheinen werden, die aber für den Gebildeten absolut nichts Unerkläriches haben, können solche Effekte, wie die Anziehung des Eisenstückchens durch einen Magnet trotz der entgegenwirkenden Schwerkraft, nicht auf die gleiche Stufe mit jenen anderen Effekten gestellt werden, welche auf einem ganz anderen, unsichtbaren, geistigen Gebiete hervorgebracht werden und daher unendlich viel höher stehen; ein solcher Effekt ist z. B. die geistige Reinigung des Menschen von der Erbsünde durch das Wasser des Taufsakramentes.[1] Wir müssen daher noch weitere Unterscheidungen des mirum quoad nos finden.

Zunächst geht aus dem quoad nos zur Genüge hervor, dafs alle jene Effekte, deren Ursache wir Menschen nicht erkennen, zu dieser Art von mira gehören können.

Gegenstand unserer menschlichen Erkenntnis kann nun vielerlei sein. Damit jedoch unsere Erkenntnis eine wahre ist, mufs auch dieses Vielerlei wahr sein, d. h. es mufs irgend ein Sein besitzen. Für alle geschaffenen Dinge ist aber die Frage nach dem Sein eines Dinges untrennbar mit der anderen Frage nach der Ursache dieses Seins verbunden. Der menschliche Intellekt kann sich also, wenn er irgend etwas vollständig erkennen will, nicht damit begnügen, nur das Ding als solches, d. h. nur nach der Seite des Seins, welches es besitzt, zu betrachten, sondern er mufs auch das Verhältnis zwischen diesem Sein des Dinges und seiner Ursache untersuchen. Erst wenn er das letztere gethan hat, kann er ein vollständiges, vollkommenes Wissen von diesem Dinge erwerben.[2]

[1] Vgl. S. theol. III. qu. 66. art. 1.
[2] Analyt. post. lib. 1. lectio 4: Scire aliquid est perfecte cognoscere

Daß der menschliche Intellekt die Fähigkeit hat, das Sein eines Dinges aus seiner wahren Ursache zu erkennen, ist eine Erfahrungsthatsache, die selbst wahr bleibt, auch wenn sie von Einzelnen geleugnet wird. Wir wüſsten sonst nicht, welchen Zweck und Nutzen die menschliche Vernunft haben sollte! Auf dem Gebiete des geschaffenen Seins, der geschöpflichen Dinge oder, wie sie auch genannt werden, der Naturdinge, ist daher die völlige Erkenntnis des einzelnen Dinges mit der Erkenntnis einer wahren Ursache verknüpft.

Wenn nun auch der menschliche Intellekt im allgemeinen fähig ist, diesen Kausalnexus zwischen dem Dinge und seiner Ursache zu erkennen, so heißt das doch noch nicht, daß alle Menschen diese Fähigkeit in gleichem Maße besitzen. Die weitere Erfahrungsthatsache nämlich, daß es dumme und kluge Menschen gibt, zeigt uns vielmehr einen oft bedeutenden Unterschied schon im Gebrauch der Erkenntnisfähigkeit;[1] daneben können dann auch noch scheinbar untergeordnete Momente diese Erkenntnisfähigkeit zeitweise oder bezüglich einzelner Objekte der Erkenntnis so beschränken und verhindern, daß auch hieraus eine Unterscheidung von Wissenden und Nichtwissenden erfolgt. Mag das Nichtwissen sich daher auf einen einzelnen Fall beschränken, mag es nur hic et nunc vorhanden sein, jedenfalls sind auf rein natürlichem, d. h. geschöpflichem Gebiete Fälle denkbar, in welchen der eine das Verhältnis des natürlichen Dinges zu seiner natürlichen Ursache erkennt, der andere dagegen nicht.

Das ist es, was wir daher zunächst als mirum quoad nos bezeichnen müssen: alle natürlichen Effekte, welche auf rein natürliche Weise durch das Wirken einer natürlichen Ursache entstanden sind, können mira quoad nos sein, nämlich für denjenigen, der ihre Ursache nicht erkennt.

---

ipsum: hoc autem est perfecte apprehendere ipsius veritatem. Eadem enim sunt principia esse, rei et veritatis ipsius, ut patet ex 2. Metaphysicae. Oportet ergo scientem, si est perfecte cognoscens, quod cognoscat causam rei scitae ... Vgl. Aristoteles, Anal. post. 1, 2 (71 b 9).

[1] Vgl. S. theol. I. qu. 85. art. 7.

Hierbei ist es nicht wesentlich, ob nur ein Mensch diese causa occulta nicht erkennt, oder ob mehrere, viele, ja, ob alle Menschen sie nicht erkennen, wenn nur im allgemeinen der menschliche Intellekt die Fähigkeit besitzt, sie zu erkennen. Solcher mira quoad nos gibt es in der heutigen Welt noch recht viele. Trotz Fridtjof Nansen ist noch ein grofser Teil der nördlichen Halbkugel, eine Kalotte von ungefähr vier Graden, gänzlich unerforscht: alle jene Effekte in der Natur daher, welche in irgend einer Weise von den in dieser Zone herrschenden Verhältnissen abhängig sind, können mira genannt werden; aber nur mira quoad nos, denn wir Menschen nur, die wir heute leben, kennen die Ursachen für diese Effekte nicht. Allein, dieses Nichtwissen oder diese temporäre Unkenntnis kann behoben werden, es werden sogar höchst wahrscheinlich auch diese Regionen einmal erforscht sein, und damit hören dann viele Effekte, die wir jetzt noch vorläufig als unerklärbar bezeichnen müssen, auf, mira zu sein. Unerklärbar z. B. selbst für Nansen und seine Gefährten blieben die Orte, an denen die sogenannte Rosenmöve nistet; unbekannt auch die eigentlichen Gesetze für die Eis- und Luftströmungen um den Nordpol herum u. s. w. Überhaupt sind die Luftströmungen auf der Erde noch längst nicht genügend erklärt, sonst könnte sich z. B. unsere Landwirtschaft etwas besser auf einen plötzlichen Temperaturwechsel einrichten; ungenau bekannt sind auch die Ursachen vieler elektrischen Erscheinungen u. s. w. u. s. w. Niemand aber wird behaupten wollen, dafs alle Wirkungen der Elektricitätskraft und ähnliche Erscheinungen Wunder sind, oder auch nur, dafs die Ursachen für alle diese Erscheinungen überhaupt von den Menschen nicht erkannt werden können. Daher können und dürfen wir sie auch nur als mira quoad nos bezeichnen. Und da sie ferner der geschöpflichen Natur angehören, also auf Gesetzen beruhen müssen, welche der Schöpfer in diese geschöpfliche Natur gelegt hat, so können wir sie kurz auch nur als mira quoad nos naturalia bezeichnen.

3. Viel schwieriger wird die Beantwortung der Frage, ob auch alle oder wenigstens gewisse übernatürliche Erscheinungen oder Effekte, welche durch das Wirken einer übernatür-

lichen Kraft hervorgebracht sind, zu den mira quoad nos gerechnet werden können.

Übernatürliche Effekte sind solche Effekte, deren Hauptursache ausschliefslich Gott ist. Dafs solche Effekte innerhalb des Wirkungsgebietes der natürlichen Ursachen vorkommen, lehrt uns die christliche Erfahrung. Diese zeigt uns ferner, dafs solche Effekte auch vom menschlichen Intellekt wahrgenommen werden können. Das ist auch notwendig, weil Gott, wenn er wirkt, niemals zwecklos wirken kann; der Zweck dieser übernatürlichen Effekte besteht aber darin, dafs die Menschen durch sie Gott besser erkennen. Dadurch wird also gefordert, dafs Gott ihnen auch die nötige Fähigkeit verleiht, Übernatürliches zu erkennen. Um z. B. die übernatürlichen Gnaden gebrauchen zu können, mufs der Mensch die rein übernatürliche Thatsache der Transsubstantiation in gewisser Weise erkannt haben; um die übernatürlichen Akte des Glaubens, der Hoffnung, der Liebe erwecken zu können, mufs der Mensch das Wesen der heiligmachenden Gnade wenigstens teilweise verstehen. Mithin müssen auch bestimmte übernatürliche Effekte, die Gott allein direkt hervorbringen kann, Gegenstand der menschlichen Erkenntnis sein können.

Um jedoch zu bestimmen, dafs solche übernatürliche Effekte auch zur Klasse der mira quoad nos gehören können, bedarf es noch einer weiteren Betrachtung.

Im allgemeinen besteht jede vollkommene Erkenntnis eines Dinges oder einer Wahrheit darin, dafs wir ihre wahre und auch letzte Ursache einsehen. Das geschieht in der natürlichen Ordnung dadurch, dafs wir diesen oder jenen Effekt, diese oder jene Wahrheit auf ein uns bekanntes, allgemeines Naturgesetz zurückführen. Denn in jedem Naturgesetz wird gleichsam in nuce einerseits die Ursache für alle zugehörigen Effekte angegeben und andererseits auch die Art und Weise, wie diese Ursache wirkt. Nennen wir als Beispiel das allgemeine Naturgesetz: ein harter Gegenstand dringt in einen relativ weicheren ein. In diesem Satze wird zweierlei angegeben: 1. die Ursache für alle Effekte des Schneidens, Bohrens, Feilens, Sägens u. s. w., nämlich die relativ gröfsere Härte des einen Körpers; 2. die

Art und Weise, wie diese Ursache wirkt, nämlich dadurch, daſs sie die relativ geringere Härte des anderen Körpers überwindet. Wenn wir daher irgend einen natürlichen Effekt auf ein allgemeines Naturgesetz zurückführen, so haben wir nicht nur die Ursache des Effektes gefunden, sondern zugleich die Art und Weise erkannt, wie derselbe durch die Ursache hervorgebracht worden ist. Dadurch hat unsere natürliche Erkenntnis an Vollständigkeit gewonnen.

Müssen wir jedoch, um irgend einen Effekt auf seine natürliche Ursache zurückzuführen und um ihn selbst als natürlich bezeichnen zu können, auch das Wesen dieser Ursache vollständig erkennen? Diese Frage ist offenbar zu verneinen. Denn wenn wir von der erkannten Ursache nur das eine Merkmal klar sehen, daſs sie eine natürliche Ursache ist, so genügt das vollständig, um den Schluſs zu ziehen, daſs auch der Effekt, solange er nur auf diese natürliche Ursache zurückzuführen ist, ebenfalls ein natürlicher sein muſs. So z. B. ist das Entstehen von Wellen und Wellenkreisen auf der Oberfläche des Wassers als ein natürlicher Effekt zu bezeichnen, wenn wir ihn auf das Hineinwerfen irgend eines körperlichen, also natürlichen Gegenstandes zurückführen können. Wir brauchen dabei aber gar nicht alle Eigenschaften des letzteren zu kennen, ob es z. B. ein Stein, ein Holzstückchen oder dergl. war.

Mithin kommt es für die Beurteilung, ob irgend ein Effekt ein natürlicher zu nennen ist, nur darauf an, zu erkennen, daſs die Ursache dieses Effektes eine natürliche war, und daſs sich das Entstehen des Effektes in natürlicher Weise, also gemäſs den von Gott gegebenen Naturgesetzen vollzogen hat; nicht aber ist nötig, daſs wir diese natürliche Ursache nach allen ihren Seiten, ihrem ganzen Wesen nach erkannt haben.

Daſs wir solche übernatürlichen Effekte überhaupt mit unserem menschlichen Intellekt wahrnehmen und betrachten können, war schon vorhin gesagt worden. Daſs wir sie aber auch mit genügender Gewiſsheit als übernatürlich nachweisen können, hängt davon ab, ob wir sie auf eine übernatürliche Ursache zurückzuführen und zugleich die Art und Weise zu zeigen im stande sind, wie dieser Effekt durch die Thätigkeit jener übernatürlichen Ursache entstanden ist. Ersteres wird durch den negativen Beweis erreicht, auf Grund dessen wir sagen können, dafs in diesem bestimmten Fall der Effekt unmöglich durch eine **natürliche Ursache** entstanden sein kann; letzteres dadurch, dafs wir den Effekt auf ein allgemeines **übernatürliches Gesetz** zurückführen. Dafs es auch solche Gesetze gibt, welche auf dem Gebiete des Übernatürlichen Geltung haben, lehrt wiederum die Kirche und die christliche Erfahrung. Solche Gesetze liegen z. B. der Lehre über die durch die Sakramente vermittelten Gnaden, über die Rechtfertigungsgnade, der Gnadenlehre überhaupt zu Grunde.

Wir müssen also auch bei der Erkenntnis der übernatürlichen Effekte denselben Weg gehen, wie bei der Erkenntnis der natürlichen Effekte: damit jene Erkenntnis des Übernatürlichen möglich ist, ist es notwendig, dafs wir in einer bestimmten Weise die Ursache des übernatürlichen Effektes, wie auch die Art ihres Wirkens erkennen.

Allein die Ursache der übernatürlichen Effekte ist, weil letztere durch Gott principaliter und direkt bewirkt werden, Gott selbst, und die **völlige**[1] Erkenntnis Gottes ist für alle Menschen ein Ding der Unmöglichkeit: er wird also für uns stets die causa occultissima et remotissima bleiben. Nach dem Vorhergesagten ist es jedoch auch gar nicht notwendig, dafs wir die Ursache **vollständig** erkennen, vielmehr genügt es, dafs wir, wie bei den natürlichen Effekten die Ursache nur als natürliche Ursache erkannt zu werden braucht, hier in diesem Falle die Ursache auch nur als **übernatürliche Ursache** nachweisen. Das wird aber gerade schon durch den oben erwähnten negativen Beweis erreicht, der in dem betreffenden Falle das Vorhandensein einer **natürlichen** Ursache ausschliefst. — Wenn wir dann noch nachweisen können, dafs diese übernatürliche Ursache in gesetzmäfsiger Weise gewirkt hat, so haben wir die beiden Momente, auf Grund deren unser Intellekt mit genügender Sicherheit den entstandenen Effekt als übernatürlich bezeichnen

---

[1] d. h. die Erkenntnis des göttlichen Wesens ist für alle Menschen durch ihren natürlichen Intellekt unmöglich. S. th. I. qu. 12. art. 4.

kann. Dieses zweite Moment kann aber ebenfalls erkannt werden, nämlich dann, wenn wir die Gesetze des übernatürlichen göttlichen Wirkens kennen. Das können wir aber, weil Gott sie uns selbst geoffenbart hat.[1] Durch den Nachweis beider Momente wird mithin auch das Gebiet des Übernatürlichen wenigstens in ähnlicher Weise Objekt unserer menschlichen intellektuellen Erkenntnis, wie es das Gebiet des Natürlichen ist, und es können dann dieselben Unterschiede in der individuellen menschlichen Erkenntnis auf dieses Gebiet ihre Anwendung finden.

Wie nämlich die Gesetze der Natur nicht von allen Menschen erkannt werden, obgleich der Mensch befähigt ist, sie zu erkennen, so bleiben auch die Gesetze, welche auf dem übernatürlichen Gebiete herrschen, manchem verborgen. Der eine kann daher auch einen übernatürlichen Effekt, der sich in den Bahnen der übernatürlichen Gesetzmäfsigkeit vollzogen hat, ohne Erstaunen, ohne jene admiratio betrachten, welche die Folge eines jeden unbegreiflichen Ereignisses ist, der andere dagegen staunt einen solchen übernatürlichen Effekt an, quia ei causa occulta est et in ipso effectu contraria quaedam dispositio.

Somit gibt es zwei Arten von mira quoad nos, die wir kurz als mira quoad nos naturalia und mira quoad nos supernaturalia bezeichnen können.

Bei beiden Arten liegt das mirum und die darauf folgende admiratio nicht in dem Wesen der Ursache als solchem begründet, sondern nur in der Art, d. h. der Beschränktheit unserer Erkenntnis. Denn eigentlich sind wir im stande, sowohl das Gebiet des naturale wie auch das des gesetzmäfsigen supernaturale in gewisser Weise zu erkennen, jedenfalls so, dafs die auf beiden Gebieten sich vollziehenden Thatsachen keine mira für uns zu sein brauchten. Sie werden nur dadurch mira und zwar mira quoad nos, dafs,

---

[1] Vgl. Paulus M. Cauvinus, Disputationes Theologicae in Primam Partem S. Thomae. Tom. I. Romae 1709. Tract. III. Disp. I. Qu. I. § III. p. 313: dum videmus miracula, prophetias et alia huiusmodi, non videmus supernaturalia formaliter ut talia, sed tantum materialiter experimur, quae supernaturalia sunt; alias ... haberemus evidentiam de supernaturalibus formaliter ut talibus.

obgleich die Fähigkeit, sie zu erkennen, vorhanden ist, doch der eine oder der andere, vielleicht alle Menschen sogar ihre Ursache nicht erkennen. Thomas sagt daher Quaest. disp. de Pot. qu. 6. art. 2.: ea, quae natura facit, nobis tamen, vel alicui nostrum occulta, vel etiam, quae Deus facit, nec aliter nata sunt fieri nisi a Deo, miracula dici non possunt, sed solum mira vel mirabilia, und zwar, wie aus dem vorhergehenden Text ersichtlich ist: mira, mirabilia quoad nos.

4. Mirum in se, secundum se.

Die zweite Unterart des mirum nennt Thomas bald admirabile (mirum) in se oder secundum se, bald auch das simpliciter mirum. Wir werden seine Bedeutung, soweit sie hier erkannt werden muß, aus dem Vergleich mit dem mirum quoad nos genügend erkennen.

1. Die nähere Bestimmung, welche das mirum quoad nos von allen anderen mira unterscheidet, liegt in dem Zusatze quoad nos. Es war schon früher gesagt worden, daß diese Bestimmung sich nicht auf die Zahl der admirantes bezieht, sondern auf deren Erkenntnisfähigkeit. Es ist daher im allgemeinen gleichgültig, ob die Ursache des mirum quoad nos nur einem Menschen oder mehreren oder gar allen Menschen verborgen ist, wenn der Mensch nur überhaupt die Fähigkeit besitzt, diese Ursache zu erkennen.

Ein mirum aber, dessen Ursache uns ganz und gar verborgen bleibt, weil sie wegen ihrer Wesensbeschaffenheit vom menschlichen Intellekt überhaupt nicht erkannt werden kann, ist offenbar auf dem Gebiete des mirum etwas Höheres, Schwereres als das mirum quoad nos. Es muß daher auch dem menschlichen Intellekt als etwas Höheres und Schwereres erscheinen, weil es weder von uns erkannt noch auch von uns hervorgebracht werden kann. Denn ein Effekt, dessen Ursache außerhalb unserer menschlichen Erkenntnisfähigkeit liegt, muß auch außerhalb unserer Wirkfähigkeit liegen.

Daß es solche mira gibt, soll hier nicht bewiesen, sondern nur im Anschluß an Thomas zunächst ganz allgemein der

Unterschied dargelegt werden, welcher zwischen den beiden Unterarten des mirum, dem mirum quoad nos und dem mirum secundum se, existiert. Vorausgesetzt also, daſs es solche mira secundum se gibt, deren Ursache von uns ganz und gar nicht erkannt werden kann, weil wir nicht die Fähigkeit hierzu besitzen, müssen wir zunächst danach fragen, was an der Ursache dasjenige ist, wodurch sie für uns unerkennbar wird. Bei dem mirum quoad nos war es die Unkenntnis, welche die Erkennbarkeit der Ursache hic et nunc ausschloſs; die Ursache selbst dagegen war erkennbar, d. h. wir Menschen hatten und haben die Fähigkeit, die Ursachen des mirum quoad nos, soweit es nötig ist, zu erkennen. Wenn sich also von diesem mirum quoad nos ein höheres und wesentlich anderes mirum unterscheiden soll, so kann sich dieser Unterschied nur auf das Wesen der Ursache selbst beziehen, d. h. die Ursache als solche muſs sich nicht mehr bloſs der thatsächlichen oder augenblicklichen Erkenntnis, sondern der menschlichen Erkenntnisfähigkeit überhaupt und zwar vollständig entziehen. Wenn aber das Wesen der Ursache für dieses mirum secundum se so beschaffen sein soll, daſs es überhaupt nicht mehr von dem menschlichen Erkenntnisvermögen begriffen werden kann, so läſst sich die Ursache selbst nur als etwas vorstellen, das höher steht als alles das, was der Mensch erkennen, begreifen und verstehen kann. Vermöge seines Intellektes kann jedoch der Mensch jedes geschöpfliche Sein erkennen und verstehen. Somit muſs jene Ursache für das mirum secundum se, wenn sie über diesen Umfang des menschlichen Erkenntnisvermögens hinausgehen soll, selbst etwas Ungeschöpfliches, Ungeschaffenes sein.

Zu demselben Resultat gelangen wir, wenn wir die Ursache als Subjekt der Kraft betrachten; das können und müssen wir, weil die Ursache für jedes mirum, so wie wir sie hier nehmen, nichts anderes als die causa efficiens ist. Auch in diesem Falle muſs die Ursache für das mirum secundum se etwas Höheres sein als alles das, was der Mensch an Kräften kennt. Ihrer Kraft nach betrachtet, muſs daher die Ursache für dieses mirum zunächst die menschliche Kraft übersteigen. Aber nicht nur die menschliche Kraft, sondern überhaupt jede geschöpfliche Kraft. Denn wenn der Mensch auch nicht thatsächlich alle geschöpflichen Kräfte besitzt, so herrscht er doch entweder über sie, oder aber er hat im allgemeinen die Fähigkeit, sie zu beherrschen. Alles das aber, was der Mensch mit Hilfe der geschöpflichen Kräfte wirkt oder auch nur wirken kann, liegt weder aufserhalb seiner eigenen Kraft noch aufserhalb seiner Erkenntnisfähigkeit. — Doch jene Kraft, welche als Ursache das mirum secundum se hervorbringt, mufs auch über die Kraft der Engel und Dämonen hinausliegen; denn auch deren Kraft bleibt eine geschöpfliche; der Mensch kann sie daher immer noch verstehen, sie liegt, wie jede andere geschöpfliche Kraft, innerhalb des Bereiches seiner menschlichen Erkenntniskraft. Soll also die Ursache des mirum secundum se ganz und gar über jede geschöpfliche Kraft hinausliegen, so darf sie selbst überhaupt nichts Geschöpfliches sein, keine geschöpfliche Kraft, kein geschöpfliches Sein haben.

2. Das Einzige aber, was über die geschöpfliche Natur hinausgeht, ist der Schöpfer derselben, Gott. Allein Gott als Ursache eines mirum kann doch noch materialiter erkannt werden, nämlich dann, wenn er nach den von ihm selbst gegebenen Gesetzen in der geschöpflichen Natur wirkt. Ein solches mirum wäre also, wie früher gezeigt, immer noch nur ein mirum quoad nos (supernaturale). Wenn Gott aber weder nach den Gesetzen, welche er für das Wirken der natürlichen Dinge vorgeschrieben hat, noch nach den Gesetzen, welche er für sein übernatürliches Wirken innehält, wirkt, so ist der Effekt dieses seines aufserordentlichen Wirkens selbst ein ganz aufsergewöhnliches mirum und erfüllt gerade diejenige Bedingung, welche im Vorhergehenden für das mirum secundum se gefordert worden war. Die Ursache für einen solchen Effekt ist nämlich Gott selbst, also eine causa, welche in jeder Beziehung über das Geschöpfliche hinausgeht, weil sie die Ursache der geschöpflichen Natur selbst ist. Aus diesem Grunde müssen wir daher die Ursache für das mirum secundum se als causa occultissima bezeichnen.

Allein, es kommt hier noch jenes zweite Moment in Betracht, welches, wie früher gezeigt, unsere admiratio zu einer vollständigen macht: dasjenige nämlich, was innerhalb des mirum selbst eigentlich den effectus mirabilis zu verhindern sucht. Auch dieses Moment findet sich bei dem mirum secundum se. Denn wenn auch die Ursache des letzteren über jede menschliche und geschöpfliche Natur hinausliegt, so existiert doch der Effekt dieser Ursache, die res mirabilis, innerhalb der geschöpflichen Natur. Er muſs also in einer bestimmten Beziehung selbst natürlich sein und als natürlich auch den für die geschöpfliche Natur geltenden Gesetzen unterworfen sein. Die in der geschöpflichen Natur geltenden Gesetze sind aber, wie später ausführlich gezeigt werden wird, nichts anderes als die von Gott in die einzelnen Geschöpfe gelegten Determinationen, d. h. ihre ganze Wesensanlage, auf Grund deren sie in ganz bestimmter von Gott gewollter Weise wirken. Mithin bleibt in der res oder in dem effectus mirabilis auch eben jene Kraft wirklich weiter bestehen, welche gerade das Gegenteil von dem hervorbringen würde, was wir als res mirabilis erkennen, wenn sie frei wirken könnte. So bleibt z. B. in dem Feuer, welches die Jünglinge im Feuerofen verzehren sollte, die Kraft zu brennen; denn während es den Jünglingen selbst weiter nichts schadet, verzehrt es die Henker.[1]

3. Nach allem diesem unterscheidet sich daher das mirum secundum se von dem mirum quoad nos ganz wesentlich:

1) Die Ursache des mirum secundum se ist nicht bloſs hic et nunc verborgen, sondern schlechthin verborgen, d. h. sie kann überhaupt nicht erkannt werden.

2) In dem mirum secundum se bleibt nicht die bloſse scheinbare Tendenz zurück, welche danach strebt, das Gegenteil des wirklichen Effektes hervorzubringen, sondern die wirkliche geschöpfliche Kraft.

Dieses mirum secundum se kann daher zwar mit dem mirum quoad nos verglichen werden, insofern beide mira sind, admiratio hervorrufen; aber ersteres steht seiner ganzen wesentlichen Bedeutung nach weit über dem letzteren; es ist jener Effekt, den wir nicht mehr bloſs erstaunlich oder ähnlich nennen dürfen,

---

[1] Daniel 3, 22. 50. 94.

sondern mit Thomas direkt als Wunder, miraculum bezeichnen müssen.

Daher sagt Thomas 2. Sent. dist. 18. qu. 1. art. 3.: Admirabile huic est id, cuius causa occulta est sibi, et cui videtur secundum suam aestimationem aliquid obviare, quare non ita esse deberet; quamvis in re nihil sit repugnans, neo causa in se sit nimis occulta; et hoc potest dici mirum illi. Admirabile autem in se est id, cuius causa simpliciter occulta est, ita etiam quod in re est aliqua virtus secundum rei veritatem per quam aliter debeat contingere. Huiusmodi autem sunt quae immediate a virtute divina causantur, quae est causa occultissima, alio modo quam se habeat ordo causarum naturalium.

5. Miraculum.

Sehen wir nun zunächst, welche speciellen Bezeichnungen Thomas diesem mirum secundum se gibt.

1. In der S. theol. 2. 2. qu. 178. art. 1. hatte er den dritten Einwand bezüglich der Frage: utrum sit aliqua gratia gratis data ad miracula facienda folgendermafsen formuliert: Miracula distinguuntur per signa et prodigia, sive portenta, et per virtutes. Inconvenienter ergo ponitur operatio virtutum potius gratia gratis data, quam operatio prodigiorum sive signorum.

In seiner Antwort auf diesen Einwand sagt er: In miraculis duo possunt attendi: unum quidem est id, quod fit, quod quidem est aliquid excedens facultatem naturae, et secundum hoc miracula dicuntur virtutes. Aliud est id, propter quod miracula fiunt, scilicet ad manifestandum aliquid supernaturale: et secundum hoc communiter dicuntur signa; propter excellentiam autem dicuntur portenta vel prodigia, quasi procul aliquid ostendentia.

Hier sind also alle Bezeichnungen des Wunders genannt und kurz erklärt. Zunächst macht Thomas zwei Unterscheidungen unter ihnen: die einen nennt er virtutes, die anderen signa und prodigia vel portenta. Er thut das auf Grund der Betrachtung, was eigentlich bei einem miraculum geschieht und weshalb es geschieht. Die Bezeichnung miraculum dagegen ist auf alle eben genannten Begriffe anzuwenden: sowohl die virtutes, wie die signa, prodigia, portenta sind miracula. Sie werden nämlich dann miracula genannt, wenn man nicht blofs eine specielle Seite an ihnen hervorheben will — und zwar jene, welche allerdings dem Menschen am leichtesten in die Augen fällt, aber keineswegs geeignet ist, eine Aufklärung über das Wesen des Wunders zu geben —, sondern gerade das Wesentliche an ihnen zu bezeichnen strebt. Daher ist die Einteilung der miracula nach virtutes, signa, prodigia oder portenta nicht als wesentliche Einteilung, sondern nur als eine Beschreibung gewisser äufserer Umstände anzusehen, die mit ihnen verbunden sind.

2. Zunächst, sagt also Thomas, können wir am Wunder betrachten, was eigentlich dabei geschieht, wie beschaffen dieser wunderbare Effekt im Vergleich zu den anderen nicht wunderbaren Effekten ist. Bei diesem Vergleich hebt sich der wunderbare Effekt hervor als einer, der die Kräfte der Natur übersteigt, der von den Kräften der geschöpflichen Natur nicht hervorgebracht werden kann. Unberücksichtigt kann hierbei bleiben, warum dieses so ist und wie es ist, allerdings nur, wenn wir nicht die speciellen Gründe hierfür angeben wollen. Im allgemeinen jedoch zeigt der Vergleich zweier solcher ungleichartigen Effekte, wie es der wunderbare und der nicht wunderbare ist, dafs diese beiden auch von ungleichartigen Kräften hervorgebracht sein müssen. Wir wissen noch nicht, welche Kraft die Ursache für den wunderbaren Effekt war, aber das erkennen wir, dafs diese unbekannte Kraft ungleich gröfser sein mufs als jene, welche nur die natürlichen, nicht wunderbaren Effekte hervorbringt. Das können wir aus dem allgemeinen Grundsatz ableiten, welchen Thomas S. contra Gent. l. 3. cap. 52. folgendermafsen angibt: Quod enim est superioris naturae proprium, non potest consequi natura inferior nisi per actionem naturae, cuius est proprium, sicut aqua non potest esse calida nisi per actionem ignis; und ebd.: Quidquid excedit limites alicuius naturae, non potest sibi advenire nisi per actionem alterius, sicut aqua non tendit sursum nisi ab aliquo alio mota.

Wir vergleichen ferner jeden wunderbaren Effekt nicht mit einem beliebigen anderen Effekt, um seine Beschaffenheit, seine

Größe, seinen Vorzug zu erkennen, sondern naturgemäß mit einem uns bekannten nicht wunderbaren Effekt, der auf demselben oder wenigstens auf einem ähnlichen Gebiete geschehen ist. Wenn wir z. B. eine wunderbare Krankenheilung vor uns haben, so werden wir diesen Effekt nicht mit dem Essen des Menschen, seinem Studium oder gar mit irgend einem Effekt, der von den Tieren oder Pflanzen ausgegangen ist, vergleichen, sondern mit den natürlichen Krankenheilungen, wie sie durch die Anwendung von reinen Naturheilmitteln oder durch künstliche ärztliche Behandlung zu stande kommen. So finden wir, daß zwei ganz und gar verschiedene Effekte auf einem und demselben Gebiete hervorgebracht sind, daß also auch zwei verschiedene Kräfte auf demselben Gebiete gewirkt haben müssen, von denen die eine uns bekannt ist, nämlich die natürliche Kraft, die andere dagegen ganz unbekannt, weil sie in ganz anderer wunderbarer Weise eine wunderbare Krankenheilung bewirkt hat.

Jede Kraft aber, die auf demselben Gebiete Höheres, Größeres hervorbringt, als eine andere, ist gleichsam die Beherrscherin dieser zweiten und hat daher vom Wesen der Kraft viel mehr in sich, als diese niedrigere zweite. Sie muß daher mit viel größerem Rechte reine Kraft genannt werden. Dieses trifft bei derjenigen Kraft zu, welche wunderbare Effekte hervorbringt; mithin kann sie von diesem Standpunkt aus in eminenter Weise Kraft genannt werden. Da wir nun bei einem Wunder die Kraft selbst nicht kennen, welche den Wundereffekt hervorbringt, so können wir die Bezeichnung „Kraft" direkt auf den Effekt selbst übertragen, und in diesem Sinne werden daher die Wunder auch virtutes genannt. Und zwar kann dieser Ausdruck in dieser Weise auf alle Wunder angewendet werden, wie Thomas auch Expos. in 2. Ep. ad Cor. cap. 12. lect. 4. sagt: quia virtus est commune ad omnia miracula: nam virtus est ultimum de potentia; et ideo aliquid dicitur virtuosum, quia ex magna virtute.

3. Eine andere Betrachtung des Wunders geht aus vom Standpunkte des Zweckes. Die Frage nach dem Zwecke des Wunders ist hier von Thomas nicht willkürlich neben die andere Frage: was ist das, was wir als Wunder ansehen? gestellt, sondern psychologisch und metaphysisch gerechtfertigt. Wenn

ein Kind zum erstenmale an einem Schaufenster steht, in welchem Zuckerwaren und andere Süfsigkeiten ausgelegt sind, so wird es zunächst fragen: was ist das, was ich da sehe? Beantwortet man ihm die Frage mit der Erklärung: das sind Süfsigkeiten, Zuckersachen, so wird es sich damit nicht etwa zufrieden geben, sondern sofort weiter fragen: kann ich sie essen? So thut es jeder Mensch: stets wird er zunächst sich klar zu machen suchen, was das ist, was ihm irgendwie entgegentritt oder sogar auffällt, und dann weiter forschen, welchen Zweck dieses Auffällige hat. Schon durch die Antwort auf die Frage übrigens: was ein Ding ist, wird auch in gewisser Weise die Frage nach dem Zweck desselben Dinges mit beantwortet.

Von diesem Standpunkte des Zweckes nun betrachtet, gibt uns das Wunder selbst eine Antwort auf die Frage, warum es geschehen ist: es ist da, um irgend etwas Übernatürliches zu offenbaren. Man fragt, wie das Wunder dieses thun könne. Die Antwort auf diese weitere Frage hat Thomas uns schon eben gegeben, ohne sich auf die eigentliche Definition des Wunders zu stützen. Denn nach der ersten Betrachtungsweise bestand das quod fit bei dem Wunder in der Thatsache, dafs es aliquid excedens facultatem naturae ist. Das letztere heifst aber nichts anderes, als dafs keine Kraft der Natur im stande ist, einen solchen wunderbaren Effekt hervorzubringen; er mufs also von einer Kraft hervorgebracht sein, welche Gröfseres, Höheres vollbringen kann als die Kräfte der Natur; oder: diejenige Kraft, welche das Wunder bewirkt hat, mufs selbst höher stehen als die Kräfte der Natur. Nun sind wir Menschen von Gott nicht nur befähigt, sondern auch zum Erkennen bestimmt, und andererseits müssen alle Dinge selbst auch so beschaffen sein, dafs wir sie erkennen können, d. h. sie müssen unserer Erkenntnis das Material zum Erkennen darbieten. Sie dürfen uns aber wiederum nicht das Unwesentliche, sondern zunächst und hauptsächlich das Wesentliche an ihnen zeigen, denn sonst würde unsere Erkenntnis stets in Gefahr sein, Falsches zu erkennen. Mithin müssen auch die Wunder uns etwas offenbaren, und zwar zunächst und am deutlichsten das Wesentliche an ihnen. Das ist aber das, was Thomas vorher als das excedens facultatem naturae bezeichnet hatte. Daraus folgt klar, daſs der Zweck der Wunder eben darin besteht, uns aliquid supernaturale zu offenbaren, zu zeigen. Sie sind also signa alicuius supernaturalis, werden daher mit Recht von diesem Gesichtspunkte aus betrachtet signa, Zeichen genannt.

So sagt Thomas auch Expos. in Ev. Jo. cap. 4. lect. 7.: Miracula sunt aliquando signa, inquantum sunt demonstrativa dominicae veritatis.

4. Als Zeichen einer übernatürlichen Kraft ragen sie nun über alle anderen Zeichen von natürlichen, geschöpflichen Kräften weit hinaus. Dieser Vorzug kann daher auch selbständig an den Wundern betrachtet werden, und dann werden sie portenta vel prodigia genannt, quasi procul aliquid ostendentia.[1] Die Ausdrücke portentum und prodigium sind also auch nur andere Benennungen des Wunders, insofern sie Zeichen sind. Thomas läſst uns darüber nicht im Zweifel, indem er Expos. in Ev. Jo. cap. 4. lect. 7. direkt sagt: Miracula sunt prodigia, vel quia certissime indicent, ut sic dicatur prodigium quasi porrodicium (andere Lesarten: proroditium oder prodititium); vel quia aliquid futurum portendit, ut sic dicatur prodigium quasi procul ostendens aliquem effectum futurum.[2]

Weil endlich durch die Bezeichnungen des Wunders als prodigium oder portentum, wie Thomas angibt, gerade das Vorzügliche, Hervorragende am Wunder hervorgehoben werden soll, wendet man diese Namen oft auch nur auf besondere, groſsartige Wunder an, den Namen signa dagegen manchmal nur auf geringere Wunder. Expos. in Ep. ad Hebr. cap. 2. lect. 1.: Deus autem duplici signo sensibili contestatus est, scilicet miraculis et donis Spiritus sancti. Quantum ad primum dicit quod confirmata est contestante Deo signis, quo ad minora miracula, ut sanatio claudi vel febris .... Portentis, quantum ad maiora, sicut suscitatio mortui. — Expos. in Isai. cap. 8.:... portentum, nimirum quod sua magnitudine portendit.[3]

---

[1] Vgl. Augustinus, De civ. Dei l. 21. cap. 8.
[2] Vgl. Expos. in Ep. ad Hebr. cap. 2. lect. 1.
[3] Vgl. Expos. in 2. Ep. ad Cor. cap. 12. lect. 4.

Im übrigen sind alle diese Bezeichnungen und Einteilungen des Wunders nicht wesentlich, wie schon vorhin gesagt wurde, und Thomas lehnt sich wahrscheinlich an den exegetischen Sprachgebrauch seiner Zeit an, wenn er trotzdem eine Erklärung für diese Arten von Bezeichnungen gibt. Ein Hauptgrund für ihn war sicherlich auch noch der, dafs schon die hl. Schrift, besonders die des Neuen Testamentes solche verschiedenen Benennungen des Wunders gebrauchte. Aufser den vorhin begründeten Erklärungen für signa, prodigia, virtutes und portenta kennt aber Thomas auch noch andere, die freilich noch unwesentlicher sind. Um aber vollständig zu sein, will ich hier noch einige solche Erklärungen nach der Stelle bei Thomas Expos. in 2. Ep. ad Cor. cap. 12. lect. 4. hinzufügen: Quia ergo miracula fiunt ex magna virtute, scilicet divina, ideo dicuntur virtutes. Signum vero refertur ad minus miraculum; prodigium autem ad maximum. Vel dicit signa quantum ad miracula facta de praesenti, prodigia quantum ad miracula de futuris. Vel signa et prodigia dicit miracula quae fiunt contra naturam, sicut illuminatio caeci, suscitatio mortui etc.: virtutes vero dicit, quae sunt secundum naturam, sed non eo modo quo natura facit; sicut quod ad impositionem manus statim sanentur infirmi; quod etiam natura facit, sed successive. Vel virtutes dicit virtutes mentis, sicut est castitas et huiusmodi.[1]

III. Die Teile des Wunderbegriffes.

Um den richtigen Begriff des Wunders, seine richtige Definition erklären zu können, müssen wir zunächst wissen, aus welchen Teilen sich Begriff und Definition des Wunders zusammensetzen; darauf folgt naturgemäfs die Erklärung dieser Teilbegriffe selbst, besonders in ihrem Verhältnis zum Wunderbegriff und endlich die Definition des Wunders, aus diesen Teilen entwickelt.

Sehen wir daher zunächst, welche Teilbegriffe die Definition des Wunders bei Thomas enthält.

---

[1] Vgl. auch Expos. in 2. Ep. ad Thess. cap. 2. lect. 2. — Ep. ad Hebr. cap. 2. lect. 1.

Die Teile des Wunderbegriffes.

1. In der S. theol. 1. 2. qu. 113. art. 10. sagt Thomas, daſs man bei und in den Wunderwerken — in operibus miraculosis — dreierlei findet:

a) daſs sie nur durch göttliche Kraft geschehen können: Unum est ex parte potentiae agentis, quia sola divina virtute fieri possunt. Daraus folgt dann ihre Eigenschaft als simpliciter mira, quasi habentia causam occultam. Wir müssen daher wissen, wie beschaffen diese potentia agentis, nämlich Gottes, im allgemeinen ist, und wie sie sich in den Wundern äuſsert.

b) Es findet sich ferner, das bei gewissen Wunderwerken der zu Grunde liegenden Materie eine solche Form verliehen wird, welche die natürliche Anlage (Potenz) dieser Materie übersteigt: Secundo in quibusdam miraculosis operibus invenitur, quod forma inducta est supra naturalem potentiam talis materiae. Das ist z. B. der Fall bei den Totenerweckungen: die Form des Körpers, das menschliche Leben oder die den Körper belebende Seele ist vom Körper durch den Tod getrennt worden, d. h. durch eine Macht, die sich auſserhalb der Seele selbst befindet, der letztere daher auch nicht Widerstand leisten kann. Ebensowenig liegt es also auch in der Gewalt der Seele, sich wieder mit dem Körper zu vereinigen. Wenn die Wiedervereinigung dennoch durch eine höhere Macht zu stande kommt, so erhält der Körper eben auch durch diese höhere Macht allein seine Wesensform zurück. Seine Wesensform, sage ich hier, denn das ist nach der Lehre des Aquinaten die den Körper belebende Seele, das erste Lebensprincip, die innere Quelle des Lebendigseins. Zur Aufnahme dieser Wesensform hat aber der Leichnam keine natürliche Anlage mehr: er ist aus sich dazu unfähig. — Aus diesem zweiten Punkte folgt mithin, daſs wir die Natur, ihre Kräfte, daſs wir das Vermögen (Potenz) selbst und ihr Verhältnis zum Wunder zu untersuchen haben.

c) Endlich bemerkt man in den Wunderwerken ein Drittes, nämlich einen Effekt, der ganz anders ist als jene Effekte, die innerhalb der festen und gewöhnlichen Ordnung hervorgebracht werden: Tertio modo in operibus miraculosis invenitur aliquid praeter solitum et consuetum ordinem causandi effectum. Aus dem diesen Worten folgenden Beispiel wird ganz klar, was

Thomas hierbei meint: Sicut cum aliquis infirmus sanitatem perfectam assequitur subito praeter solitum cursum sanationis quae fit a natura vel arte. Es soll also gesagt sein, daß manchmal nur die Art und Weise, wie einzelne Wunder hervorgebracht werden, wunderbar ist, das Wunder konstituiert, während der Effekt, wenn er für sich betrachtet wird, noch nicht wunderbar genannt werden kann. Das trifft offenbar bei den wunderbaren Krankenheilungen zu: die Heilung eines Fieberkranken ist auch durch die Natur selbst oder durch künstliche ärztliche Mittel im allgemeinen nicht unmöglich; aber wenn sie plötzlich und ohne Anwendung aller solcher Mittel geschieht, so geschieht es eben subito praeter solitum cursum sanationis, quae fit a natura vel arte. Wir haben also drittens noch ganz besonders das Wirken der natürlichen Kräfte zu untersuchen.

Dieselben Bestandteile in der Definition des Wunders werden durch die Stelle bei Thomas 2. Sent. Dist. 18. qu. 1. art. 3. verlangt. Thomas sagt dort: Admirabile est id cuius causa simpliciter occulta est, ita etiam, quod in re est aliqua virtus secundum rei veritatem, per quam aliter debeat contingere. Diese virtus innerhalb des Wunders selbst bedeutet das natürliche Vermögen, welches den Effekt anders gestaltet hätte, als er durch das Eingreifen jener causa occulta geworden ist, wenn es — das Vermögen — frei hätte thätig sein können. Thomas fährt ebd. fort: Huiusmodi autem sunt, quae immediate a virtute divina causantur, quae est causa occultissima, alio modo quam se habeat ordo causarum naturalium ... et haec proprie miracula dicuntur quasi in seipsis et simpliciter mira. Wir haben also auch hiernach den ordo causarum naturalium und die virtus divina näher zu erklären, ehe wir die eigentliche Definition des Wunders geben.

Dasselbe finden wir auch in der S. theol. 1. qu. 115. art. 7.: Miraculum autem dicitur quasi admiratione plenum, quod scilicet habet causam simpliciter et omnibus occultam. Haec autem est Deus. Unde illa, quae a Deo fiunt praeter causas nobis notas, miracula dicuntur. Hier leitet Thomas also aus dem ersten Merkmal, der causa simpliciter occulta, die beiden anderen Merkmale ab: die virtus divina (haec autem est Deus) und den ordo causarum naturalium (quae a Deo fiunt praeter causas nobis notas).[1]

Die Stellen aus der S. ctr. Gent. cap. 101, welche hier in Betracht kommen, lauten folgendermafsen: Haec autem, quae praeter ordinem communiter in rebus statutum quandoque divinitus fiunt, miracula dici solent.... Illud ergo simpliciter mirum est, quod habet causam simpliciter occultam; et hoc sonat nomen miraculi, ut scilicet sit de admiratione plenum ... Causa autem simpliciter occulta omni homini est Deus ... Illa igitur simpliciter miracula dicenda sunt, quae divinitus fiunt praeter ordinem communiter servatum in rebus.

In diesem letzteren Satze liegen wiederum die drei Bestandteile der Definition, welche wir vom Wunder zu geben haben: divinitus, d. h. die übernatürliche Ordnung; ordo communiter servatus in rebus, d. h. die Natur und Naturkräfte. Dagegen ist die hier so sehr hervorgehobene admiratio schon früher erläutert worden.

Dieselben Merkmale, dazu aber noch ein weiteres, finden wir in der Quaest. disp. de Pot. qu. 6. art. 2. Die betreffenden Stellen lauten: Secundum se autem aliquid est mirum vel admirabile, cuius causa simpliciter est occulta, et quando in re est contraria dispositio secundum naturam effectui qui apparet; et ista ... possunt dici ... etiam miracula, quasi habentia in se admirationis causam. Causa autem occultissima et remotissima a nostris sensibus est divina, quae in rebus omnibus secretissime operatur: et ideo illa, quae sola virtute divina fiunt in rebus illis, in quibus est naturalis ordo ad contrarium effectum vel ad contrarium modum faciendi, dicuntur proprie miracula .... Et ideo in definitione miraculi ponitur aliquid quod excedit naturae ordinem in hoc, quod dicitur „supra facultatem naturae", cui ex parte rei mirabilis respondet, quod dicitur „arduum". Et ponitur etiam aliquid, quod excedit nostram cognitionem in hoc quod dicitur „praeter spem admirantis apparens;" cui ex parte rei mirabilis respondet, quod dicitur „insolitum".

---

[1] Vgl. auch S. theol. 1. qu. 115. art. 8.

Die beiden Begriffe arduum[1] und insolitum[2] sind hier neu; ihre ausreichende Erklärung finden sie aber erst später bei der Definition des miraculum.

Ähnliches ergibt sich aus den anderen Stellen, in welchen Thomas bald im allgemeinen, bald im speciellen die Definition des Wunders bespricht.[3]

2. Das Resultat unserer Untersuchung über die einzelnen Teile des Begriffes und der Definition des Wunders ergibt daher die Notwendigkeit, daſs wir erstens die potentia agentis, nämlich die Kraft Gottes als des Urhebers der Wunder näher zu erläutern hätten; zweitens genauer zu untersuchen, was dasjenige ist, und wie es wird, woran oder worin der Wundereffekt entsteht, d. h. die Natur und ihre Kräfte; und endlich drittens, daſs wir auch deutlicher zu verstehen suchen, wie in dem Wundereffekt selbst noch etwas übrig ist, was der Entstehung des Wunders eigentlich widerstrebt, den Wundereffekt zu verhindern sucht. Das letztere ist aber nichts anderes als die Tendenz der natürlichen d. h. geschöpflichen Dinge, stets auch natürlich zu wirken; also haben wir auch ganz besonders das Wirken der natürlichen Kräfte näher kennen zu lernen.

Von diesen drei Momenten oder Grundbestandteilen in der Definition des Wunders, welche sich direkt an dasjenige anlehnen, was wir aus Thomas selbst als die effektiven Momente der admiratio schon erkannt haben, scheidet jedoch die Untersuchung über den ersten Punkt, nämlich über die potentia divina aus, da letztere als causa efficions des Wunders naturgemäſs erst bei der eigentlichen Lehre über das Wunder besprochen werden kann. Die folgenden Untersuchungen werden sich daher hauptsächlich nur auf die Lehre von der Natur, den Naturkräften und ihrem Wirken, sowie auf die Lehre über das supranaturale erstrecken.

---

[1] Vgl. S. theol. 1. 2. qu. 4. art. 8; qu. 40. art. 8. ad 1; qu. 67. art. 4. ad 3.
[2] Vgl. S. theol. 1. 2. qu. 41. art. 4; qu. 42. art. 5; qu. 48. art. 3.
[3] Vgl. auch S. theol. 1. qu. 115. art. 7.

Zweiter Abschnitt.
Die Grundlagen des Wunderbegriffes.

I. Das Gebiet des Natürlichen.

1. Die Natur.

a) Die verschiedenen Bedeutungen des Wortes Natur.

Gehen wir von dem uns näher Stehenden aus, so müssen wir zunächst den Begriff von Natur genauer kennen lernen; denn trotzdem sowohl der Begriff „Natur" wie „Natürlich" von uns häufig gebraucht wird, ist er doch nicht so klar, distinkt und vollständig, seine Tragweite nicht so offenbar, wie es manchmal scheint. In der That ist es einer der dunkelsten Begriffe, mit welchem die Philosophie und die Theologie operieren müssen.
1. Thomas sagt S. theol. 3. qu. 2. art. 1: Sciendum est ergo, quod nomen naturae a nascendo est dictum vel sumptum. Dieser rein etymologischen Ableitung des Namens Natur von nasci liegt aber auch ein sachlicher Inhalt zu Grunde. Denn indem man von dieser äufseren Verwandtschaft beider Worte ausgeht, legt man dem abgeleiteten Worte natura auch die Begriffsmerkmale des Stammwortes bei. Unde primum, fährt Thomas daher fort, est impositum hoc nomen ad significandum generationem viventium, quae nativitas vel pullulatio dicitur, ut dicitur natura quasi nascitura. Das stimmt direkt überein mit den Forschungen Max Müllers, der das Wort Natur als „die immer gebärende, gebärenwollende Mutter" etymologisiert. Mit „Natur" bezeichnet man also ganz allgemein zunächst das Entstehen lebender Wesen. Das Entstehen im allgemeinen — Geburt bei Tieren, pullulatio, Hervorspriefsen bei Pflanzen — ist hier aber nicht im aktiven, sondern im passiven Sinne von seiten des genitum gedacht.
2. Dann überträgt man dieselbe Bezeichnung auf das Princip, von welchem die Erzeugung, das Hervorbringen ausgeht. In diesem Falle ist „Natur" dieses Princip der generatio selbst.

3. Bei jeder Art von Entstehen ist nun das Princip der generatio ein inneres, die Entstehung eines neuen Individuum aus einem anderen geht örtlich und körperlich aus dem Inneren dieses zweiten Individuum hervor.

Um dieses zu verstehen, müssen wir vorher genau den Begriff der generatio erklären. Thomas gibt S. theol. 1. qu. 27. art. 2. folgende Definition der generatio und zwar zunächst der generatio im allgemeinen: Nomine generationis dupliciter utimur. Uno modo communiter ad omnia generabilia et corruptibilia, et sic generatio nihil aliud est, quam mutatio de non esse ad esse.[1] Im allgemeinen ist hiernach generatio ein Übergang, transitus seu mutatio, aus dem Zustande des Nicht-Seins in den des Seins.[2] Man betrachtet also hierbei nur das, was hervorgebracht, generiert wird: das genitum. Es ist daher auch gleichgültig, ob das letztere vorher schon irgend ein Sein hatte oder nicht. So kann z. B. der Übergang einer Substanz, eines Körpers aus dem Zustande des Nichtwarmseins in den des Warmseins schon generatio genannt werden, allerdings nur, wenn man den Begriff der generatio im angegebenen allgemeinsten Sinne gebraucht. Wir nennen in der modernen Sprache eine solche generatio nur einen Übergang, nicht einmal ein Entstehen, noch viel weniger eine Erzeugung. Denn es entsteht in diesem Falle kein neues, substantiales Sein, sondern die schon vorher vorhandene Substanz erhält nur ein neues accidentelles Sein. Dagegen kann die Teilung eines Individuum in zwei voneinander zu unterscheidende Individuen, wie sie z. B. bei der Sporenbildung des Milzbrandbacillus oder bei der Teilung der vorher konjugierten Gregarinen vor sich geht, viel eher eine Entstehung genannt werden. Denn in diesem zweiten Falle gehen aus der ursprünglichen Substanz zwei neue Substanzen hervor, d. h. sie erhalten ihr eigentümliches, individuelles und zwar substantiales Sein. Mithin ist es bei diesem ersten und allgemeinsten Begriff der

---

[1] Vgl. Aristoteles, De gener. et corrupt. 1, 2 (317 a 20): ἔστι γὰρ γένεσις ἁπλῆ καὶ φθορὰ οὐ συγκρίσει καὶ διακρίσει, ἀλλ' ὅταν μεταβάλλῃ ἐκ τοῦδε εἰς τόδε ὅλον. Vgl. Phys. 1, 2.

[2] Qu. disp. de pot. qu. 2. art. 1. ad 15. — Vgl. Qu. disp. de verit. qu. 28. art. 1. 6. — S. theol. 1. 2. qu. 113. art. 6.

generatio unwesentlich, ob das neue Sein ein neues substantiales oder ein neues accidentelles Sein ist: in beiden ist der allgemeinste Begriff der generatio enthalten. Erstere Art wird aber die generatio substantialis, letztere generatio accidentalis genannt werden können.[1]

Das Wesen der generatio substantialis besteht dann darin, daſs ein neues substantiales Sein entsteht. Ein solches neues Sein kann aber nur aus etwas anderem entstehen. Solange die generatio aequivoca im modernen Sinne Haeckels[2] nicht bewiesen ist — und sie wird nie bewiesen werden —, müssen wir auch an dem „Multiplicamini"[3] der hl. Schrift festhalten. Dieses andere, aus welchem daher etwas hervorgeht, muſs dem neu entstehenden Ding etwas von sich geben: das ist die Materie. Mithin muſs auch die abgegebene Materie notwendig ohne Form sein, d. h. in dem Augenblick, in welchem die Materie von jenem Individuum getrennt wird, dem sie ursprünglich angehörte und dessen Seinsform sie besaſs, verliert sie die letztere und erhält eine neue Form.[4]

Somit ist jede generatio substantialis wesentlich und innerlich eine mutatio scil. formae, wie auch Thomas in der Quaest. disp. de Pot. qu. 2. art. 1. sagt: generatio est species mutationis, ex illa parte, qua natura per generationem recipitur in aliqua materia, quae est mutationis subiectum.

Wir sind nun stets gewohnt, unter generatio das zu verstehen, was wir sonst im Deutschen mit dem Ausdruck Erzeugung bezeichnen, also das Hervorgehen eines lebenden Wesens

---

[1] Vgl. Joannes a S. Thoma, Cursus philosophicus Thomisticus. Tom. II. Philosophia naturalis. P. II. qu. 1. (ed. Vives, Parisiis 1883 p. 605. sqq.).

[2] Die generatio aequivoca bei Thomas, Augustinus u. a. bedeutet dagegen etwas ganz anderes. Vgl. Thomas S. theol. 1. qu. 115. art. 2.

[3] Das רְבוּ der Gen. 1, 22 deutet offenbar an, daſs die Individuen sich aus sich selbst heraus vermehren sollen; wenn man nämlich רבב und רבה auf die Wurzel רב dick sein zurückführt, muſs man die weitere Bedeutung beider Stammwörter, das Viel-sein, als die Teilung des Dick-seins bezeichnen.

[4] Vgl. De generatione et corruptione I. 2. lect. 9. — S. theol. 1. qu. 33. art. 4. ad 2.

aus einem anderen lebenden Wesen. Thomas bezeichnet jedoch jede Erzeugung eines lebenden Wesens stets mit dem zusammengesetzten Ausdruck generatio viventium, um sie von allen anderen Arten der generatio zu unterscheiden. Er definiert die generatio viventium, nachdem er die oben mitgeteilte Definition der generatio im allgemeinsten Sinne gegeben hatte, folgendermafsen:[1] Alio modo (scil. generatio dicitur) proprie in viventibus, et sic generatio significat originem alicuius viventis a principio vivente coniuncto, et haec proprie dicitur nativitas. Non tamen omne huiusmodi dicitur genitum, sed proprie, quod procedit secundum rationem similitudinis . . . . sed requiritur ad rationem talis generationis, quod procedat secundum rationem similitudinis in natura eiusdem speciei, sicut homo procedit ab homine et equus ab equo. In viventibus igitur, quae de potentia in actum vitae procedunt, sicut sunt homines et animalia, generatio utramque generationem includit.

In dieser Definition liegt zunächst, dafs das generierende Ding selbständig und lebendig ist, also entweder eine vegetative oder sensitive oder menschliche Seele als Wesensform hat. Die generatio beginnt in diesem generierenden Subjekt und besteht in einer actio vitalis. Das Resultat dieser actio ist die Ausstofsung, Emanation eines wenn auch noch so geringfügigen Körperteilchens, also einer Substanz. Letztere verliert aber sofort bei der Trennung vom Körper des generans dessen Wesensform und bildet als blofse materia prima das Substrat für eine neue Wesensform. Ferner ist thatsächlich das genitum ursprünglich als Teil der Körpersubstanz des generans mit diesem verbunden; daher heifst es in der obigen Definition: a principio vivente coniuncto.[2] Endlich gehört noch zum Begriff der generatio, dafs der Vorgang selbst assimilativ ist, d. h. dafs das genitum wenigstens die specifische Natur des generans erhält.

Weil also die generatio als ein Vorgang aufgefafst werden mufs, der aus dem Inneren des generierenden Princips hervorgeht, ferner, weil die generatio ganz allgemein eine species mutationis ist, kann der Ausdruck „Natur" auch drittens überhaupt

---
[1] S. theol. 1. qu. 27. art. 2.
[2] Vgl. S. ctr. Gent. l. 4. cap. 9. — 3. Sent. dist. 8. qu. 1. art. 1.

auf jedes innere Princip irgend einer Bewegung übertragen werden. Bewegung heißt hier nichts anderes als Veränderung. Thomas fährt daher fort: Quia principium generationis in rebus viventibus est intrinsecum, ulterius derivatum est nomen naturae ad significandum quodlibet principium intrinsecum motus.

4. Weil nun ferner jeder Zeugungsakt durch den ganzen Erzeuger hervorgebracht wird, d. h. durch ein lebendes Wesen, welches aus Materie und Form zusammengesetzt ist, ist auch sowohl die Materie wie die Form das Princip der Erzeugung. Thomas sagt daher, indem er an das Vorhergehende anknüpft: Hoc autem principium vel forma est vel materia. Dabei kann auch bald die Form allein, bald die Materie das Princip der Erzeugung genannt werden; also kann ebenfalls jedes von beiden, Materie wie Form für sich allein, mit dem Namen Natur bezeichnet werden. So sagt man: die Seele als Wesensform ist die Natur des Menschen, und ebenso: der Urstoff, die materia prima ist die Natur des Menschen. Was daher aus der Information der Seele im Menschen hervorgeht und ebenso, was aus der Materie in ihm hervorgeht, ist für diesen, den Menschen, natürlich.

5. Allein auch hiermit sind die möglichen Bedeutungen von natura noch nicht erschöpft. Thomas sagt an derselben Stelle weiter: Quia finis generationis naturalis est in eo quod generatur, scilicet essentia speciei quam significat definitio, inde est quod huiusmodi essentia speciei vocatur etiam natura. Et hoc modo Boetius naturam definit in lib. de duab. nat. dicens: „Natura est unamquamque rem informans specifica differentia", quae scilicet complet definitionem speciei. Sic ergo nunc loquimur de natura secundum quod natura significat essentiam, vel quod quid est, sive quidditatem specici. Hatte Thomas also vorher nur das Princip der generatio allein für sich betrachtet, so geht er jetzt auf das ein, was die generatio hervorbringt: das generatum, das neue Individuum, welches durch die generatio entsteht. Denn darauf zielt ja die generatio, sie ist erst vollständig, wenn dieses neue Individuum wirklich hervorgebracht ist. Letzteres erhält aber sein Sein, wie auch sein So-Sein, seine Wesenheit durch das principium generationis, d. h. durch die Natur. Daher

ist auch diese neu entstandene Wesenheit des neuen Individuum, oder ganz allgemein, des neuen Dinges abhängig von der Natur des generierenden Individuum. Und da nun die Wesenheit eines jeden Dinges erst durch die ihm eigentümliche Seinsform vervollständigt wird, so nennt man auch die Wesenheit eines jeden Dinges: Natur. Die Wesenheit eines jeden Dinges ist aber dasjenige, was wir durch die Definition dieses Dinges erklären wollen,[1] indem wir es nämlich durch Angabe der Gattung und durch Zuteilung der betreffenden differentia specifica von allen anderen Dingen unterscheiden. Somit ist auch Natur eines Dinges in diesem Sinne dasjenige, was wir durch die Definition dieses Dinges erklären wollen: die Natur eines Dinges bezeichnet seine Quiddität, seine Wesenheit.[2]

Diese fünf Bedeutungen des Wortes Natur fafst Thomas an zwei Stellen zusammen. In der S. ctr. Gent. l. 4. cap. 35. sagt er: Nomen naturae primo impositum est ad significandum ipsam generationem nascentium, et exinde translatum est ad significandum principium generationis huiusmodi, et inde ad significandum principium motus intrinsecum mobili; et quia huiusmodi principium est materia vel forma, ulterius natura dicitur forma vel materia rei naturalis habentis in se principium motus; et quia forma et materia constituunt essentiam rei naturalis, extensum est nomen naturae ad significandum essentiam cuiuscumque rei in natura existentis, ut sic natura alicuius rei dicatur essentia, quam significat definitio . . . Vgl. ebd. cap. 41.

6. In der S. theol. 1. 2. qu. 1. art. 2., ebd. qu. 6. art. 1., 4. Sent. dist. 5. qu. 1. art. 2., S. ctr. Gent. l. 1. cap. 44. und an anderen Stellen braucht Thomas den Ausdruck natura noch anders; meist sagt er oder deutet er an, dafs die „Natur" das Instrument in der Hand Gottes ist. Am klarsten spricht er dieses aus im 4. Buch der Sentenzen dist. 5. qu. 1. art. 2.: Cum enim Deus sit primum agens omnium naturalium actionum, quidquid natura agit,

---

[1] Vgl. S. theol. 1. qu. 3. art. 3. — Ebd. qu. 29. art. 2.
[2] Vgl. 1. Sent. dist. 8. qu. 2. (in expos. text.). — 2. Sent. dist. 37. qu. 1. art. 1. — In dieser Bedeutung gebrauchte auch das IV. Lateran. Konzil c. 2. das Wort natura gegen Abt Joachim. Vgl. S. Anselm., Monolog. c. 4.: idem namque hic naturam intellige quod essentiam.

hoc efficit quasi instrumentale agens cooperans primo agenti, quod est Deus. Hieraus geht hervor, daſs „Natur" mit einem stillschweigenden Zusatz gebraucht wird, nämlich als „Natur aller Dinge zusammengenommen" oder „alle Naturen aller Dinge zusammen", „natura" steht hier also kollektiv für „universitas rerum".[1]

7. Eine letzte bemerkenswerte Bedeutung desselben Wortes Natur erhalten wir endlich, wenn wir seine Bedeutung als quodlibet principium motus noch mehr erweitern und daher auch auf die universitas rerum anwenden: das Princip dieser ganzen Natur, der auctor rerum, wird zuweilen von einigen Schriftstellern kurzweg selbst natura genannt, von anderen dagegen natura naturans i. e. ordinans totam naturam rerum.[2]

b) Die Definition des Begriffes Natur.

1. Um die eigentliche Definition von „natura" geben zu können, müssen wir von der dritten Bedeutung dieses Wortes ausgehen. Thomas hatte S. theol. 3. qu. 2. art. 1. gesagt: natura significat quodlibet principium intrinsecum motus. Er geht damit, wie er es auch selbst wiederholt betont, auf die Definition des Aristoteles zurück. Im Kommentar zum 2. Buche der Physik des Stagiriten untersucht Thomas diese aristotelische Definition.[3] Seine Worte lauten dort: Natura nihil aliud est, quam principium (et causa, wie aus dem folgenden zu ersehen ist) motus et quietis in eo, in quo est, primo et per se et non secundum accidens. Diese Definition soll im Anschluſs an Aristoteles und Thomas selbst im folgenden näher erklärt werden.

In der Met. Δ 4. gibt Aristoteles alle Bedeutungen von φύσις[4] an und schlieſst mit folgenden Worten: ἐκ δὴ τῶν

[1] Vgl. S. theol. 1. qu. 105. art. 7. ad 1. — Metaph. l. 12. lect. 28.
[2] Vgl. Augustin., De Trinit. l. 15. cap. 1.: Deus . . . . natura, scilicet non creata, sed creatrix. — Hugo Victorinus, Didascalic. l. 1. cap. 11.
[3] Vgl. auch Joannes a S. Thoma, Philosophia naturalis P. I. qu. 9 (Tom. II. p. 148).
[4] Das Sanskrit-Stammwort von φύσις: bhu hat die zwei Bedeutungen von wachsen und sein. das lateinische natura dagegen schlieſst sich an das Sanskrit-Verbum √gna, gebären, an. — Über den aristote-

εἰρημένων ἡ πρώτη φύσις καὶ κυρίως λεγομένη ἐστὶν ἡ οὐσία ἡ τῶν ἐχόντων ἀρχὴν κινήσεως ἐν αὐτοῖς ᾗ αὐτά· ἡ γὰρ ὕλη τῷ ταύτης δεκτικὴ εἶναι λέγεται φύσις, καὶ αἱ γενέσεις καὶ τὸ φύεσθαι τῷ ἀπὸ ταύτης εἶναι κινήσεις. καὶ ἡ ἀρχὴ τῆς κινήσεως τῶν φύσει ὄντων αὕτη ἐστὶν ἐνυπάρχουσά πως ἢ δυνάμει ἢ ἐντελεχείᾳ.[1]

Zunächst erklärt also Aristoteles die Natur als ein Princip. Nach Met. Δ, 1. hat der Begriff des Princips ein stets gleichbleibendes Merkmal, nämlich, dafs es das erste in irgend einer Reihe ist. Wir müssen daher unter Princip stets das verstehen, von dem etwas anderes ausgeht, sei es, dafs dieses Erste wirklich das andere bewirkt, hervorbringt, oder dafs es in irgend einer anderen Weise das erste für ein zweites, drittes u. s. w. ist, ohne diese weiteren Glieder direkt in ihrem Sein zu beeinflussen.

Bei den natürlichen Dingen ist nun das, was wir an ihnen Natur nennen, wirklich das erste, insofern es, wie Aristoteles vorher gesagt hatte, die Wesenheit der Dinge ist.[2] Denn auf diese, die Wesenheit, geht thatsächlich alles „Werden und Wachsen" zurück, mag die Wesenheit nun aus der Wesensform bestehen, wie es bei den einfachen Dingen der Fall ist, oder aus der Wesensform und der durch diese informierten Materie, wie es bei den zusammengesetzten Dingen der Fall ist. Bedeutet

---

lischen Begriff von φύσις vgl. E. Hardy, Der Begriff der Physis in der griechischen Philosophie. I. Teil. Berlin, 1884. 196 f. — J. Schmitz, De φύσεως apud Aristotelem notione eiusque ad animam ratione. Bonn 1884. 10 ff. — Zu Arist. Phys. 2, 1 vgl. E. Rolfes, Die substantiale Form und der Begriff der Seele bei Aristoteles. Paderborn 1896. 23 ff.

[1] Aristoteles, Metaph. Δ c. 4. (1015 a 13), ed. Berol. 1831.
[2] Aristoteles, Metaph. Δ c. 4. (1014 b 35): ἔτι δ' ἄλλον τρόπον λέγεται ἡ φύσις ἡ τῶν φύσει ὄντων οὐσία ... Vgl. ebd. Δ c. 1.: διὸ ἥ τε φύσις ἀρχὴ καὶ τὸ στοιχεῖον καὶ ἡ διάνοια καὶ ἡ προαίρεσις καὶ οὐσία καὶ τὸ οὗ ἕνεκα· πολλῶν γὰρ καὶ τοῦ γνῶναι καὶ τῆς κινήσεως ἀρχὴ τἀγαθὸν καὶ τὸ καλόν. — Phys. B. c. 1. (192 b. 13): τὰ μὲν γὰρ φύσει ὄντα πάντα φαίνεται ἔχοντα ἐν ἑαυτοῖς ἀρχὴν κινήσεως καὶ στάσεως, τὰ μὲν κατὰ τόπον, τὰ δὲ κατ' αὔξησιν καὶ φθίσιν, τὰ δὲ κατ' ἀλλοίωσιν ... Ebd. b. 21.: ὡς οὔσης τῆς φύσεως ἀρχῆς τινος καὶ αἰτίας τοῦ κινεῖσθαι καὶ ἠρεμεῖν ἐν ᾧ ὑπάρχει πρώτως καθ' αὐτὸ καὶ μὴ κατὰ συμβεβηκός.

daher Natur im eigentlichen Sinne die Wesenheit eines Dinges, so ist sie in Wahrheit auch ein Princip und zwar für alles dasjenige, was von der Wesenheit dieses Dinges ausgeht. Durch die Definition der Natur als Wesenheit der Dinge ist auch jene — wie Thomas sagt: lächerliche — Meinung ausgeschlossen, welche die Natur als etwas Absolutes definieren will, als eine Kraft, ein Vermögen in den Dingen. Wäre dem so, so müfste man die Kraft eines Dinges selbst substantiiren, zu einer Substanz machen, während doch, wie Thomas weiter bemerkt, natura und vis sich in einem und demselben Dinge zu einander verhalten, das erstere als Substanz, das zweite als Accidens, so dafs also letzteres, die vis, gleichsam als Instrument für erstere, die Natur, zu betrachten ist.

2. Jede causa ist auch ein principium, aber nicht umgekehrt. Wenn beides in die Definition aufgenommen ist, so könnte es so scheinen, als ob das zweite, die causa, nur eine nähere Erklärung für das erstere sei, also die Natur eigentlich stets als causa für die „Bewegung" des Dinges angesehen werden müsse. Bei Aristoteles finden wir jedoch hier einen solchen Zusatz, der dem et causa entsprechen würde, nicht. Warum hat ihn daher Thomas in seine Definition aufgenommen? Arnu[1] meint, Thomas sei hierin der Erklärung seines Lehrers Albertus M.[2] gefolgt, um dadurch mit ihm auszudrücken, dafs die Natur einmal blofses Princip, d. h. passives Princip sein könne, ein anderes Mal dagegen auch Ursache, causa, d. h. aktives Princip. Damit wird also gesagt, dafs die Natur nicht für alle natürlichen Bewegungen auf ein und dieselbe Weise das Princip in dem, was bewegt wird, ist. In den einfachen d. h. nicht zusammengesetzten Körpern ist sie passives Princip, weil diese nicht von sich selbst bewegt werden; in den lebendigen Körpern dagegen ist sie aktives

---

[1] Nicolaus Arnu, Dilucidum Philosophiae Syntagma. Tom. 3 Patavii 1685. Naturalis Philos. 1. P. Lib. 2. Physicorum, qu. 1. art. 1. c. 1. n. 9. p. 318.

[2] Albertus Magnus, Opera Tom. II. Lugduni 1651, Lib. II. Physicorum Tract. I. c. III. p. 58: natura est principium primum alicuius et causa movendi et quiescendi in quo est, per se et non secundum accidens.

Princip, weil diese sich selbst bewegen und daher aus einem bewegenden und einem bewegten Teil bestehen. Der Zusatz et causa ist daher nicht äufserlich, sondern sachlich gerechtfertigt.

3. Einen ähnlichen Zusatz finden wir auch im folgenden. Während Aristoteles Met. $\varDelta$, 4. einfach sagt: die Natur ist das Princip der Bewegung in den natürlichen Dingen, fährt Thomas fort: natura est principium motus et quietis. Auch dieser Zusatz ist aber innerlich notwendig.

Zunächst wird motus in zweifacher Bedeutung gebraucht: 1) im engeren und eigentlichen Sinne versteht man darunter nur den successiven motus (motus physicus et naturalis), der also nur an körperlichen Dingen vorkommt — insofern sie wegen der Ausdehnung teilbar sind — und zwischen konträren Termini stattfindet. Er hat drei Arten: augmentatio, alteratio und den motus localis; die letztere Art von Bewegung wird auch latio genannt, im Deutschen: Ortsbewegung oder mechanische Bewegung. 2) Im weiteren Sinne dagegen umfafst motus sowohl den eigentlichen motus, wie er eben beschrieben worden ist, als auch die mutatio substantialis (generatio, corruptio, nutritio).

Hier ist motus im letzteren, weiteren Sinne gebraucht, umfafst also sowohl den motus successivus wie auch die substantialen Veränderungen, welche mutationes instantaneae sind. Die allgemeine Definition von motus, welche hier vorausgesetzt wird, ist die aristotelische aus Phys. 3, 1.: $\dot{\eta}$ τοῦ δυνάμει ὄντος ἐντελέχεια, ᾗ τοιοῦτον, κίνησίς ἐστιν.[1] Und Phys. 3, 2 sagt Aristoteles: 'Η κίνησις ἐντελέχεια τοῦ κινητοῦ, ᾗ κινητόν. Phys. 3, 3: Ἔστιν ἡ κίνησις ἐν τῷ κινητῷ· ἐντελέχεια γάρ ἐστι τούτου καὶ ὑπὸ τοῦ κινητικοῦ. Καὶ ἡ τοῦ κινητικοῦ δὲ ἐνέργεια οὐκ ἄλλη ἐστί. Δεῖ μὲν γὰρ εἶναι ἐντελέχειαν ἀμφοῖν· κινητικὸν μὲν γάρ ἐστι τῷ δύνασθαι, κινοῦν δὲ τῷ ἐνεργεῖν. Ἀλλ' ἔστιν ἐνεργητικὸν τοῦ κινητοῦ, ὥστε ὁμοίως μία ἡ ἀμφοῖν ἐνέργεια. Thomas übersetzt Phys. 3. lect. 2. die aristotelische Definition, welche er als die einzig mögliche bezeichnet,[2] fol-

---

[1] Willmann, Gesch. des Idealismus. I. Braunschweig 1894. S. 489: „die Auswirkung des Angelegten als solche."

[2] Et ideo omnino impossibile est aliter definire motum per priora et notiora, nisi sicut Philosophus hic definit.

gendermafsen: motus est actus existentis in potentia, secundum quod huiusmodi: Er erklärt ferner an derselben Stelle auch die einzelnen Teile dieser Definition, welche nach obigem die Bewegung im weiteren Sinne, nämlich jede Veränderung umfafst. Solange ein Wesen — das Subjekt für die Veränderung — nur in potentia ist, also im Zustande der blofsen Möglichkeit sich befindet, wird es noch nicht anders, nondum movetur. Wenn es sich aber schon im Zustande der vollendeten Verwirklichung seiner Anlage befindet, so wird es nicht mehr anders, sondern ist schon anders geworden: quod autem iam est in actu perfecto, non movetur, sed motum est. Daher ist nur dasjenige im Zustande des Verändertwerdens, was sich in einem Mittelzustande zwischen der blofsen Anlage und der dieser Anlage entsprechenden Verwirklichung befindet: illud igitur movetur, quod medio modo se habet inter puram potentiam et actum; quod quidem partim est in potentia et partim in actu. Solange das Wasser nur der Potenz nach warm ist, wird es noch nicht verändert; wenn es aber schon erwärmt worden ist, so ist die Veränderung des Erwärmens abgeschlossen; participiert es endlich an der Wärme, jedoch noch in unvollkommener Weise, so wird es erwärmt, tunc movetur ad calorem: nam quod calefit, paulatim participat calorem, magis ac magis. Ipse igitur actus imperfectus caloris in calefactibili existens est motus, non quidem secundum id quod actu tantum est, sed secundum quod iam in actu existens habet ordinem in ulteriorem actum .... Ordo autem ad ulteriorem actum competit existenti in potentia ad ipsum.

Auch der Begriff der quies wird in doppelter Weise unterschieden: 1) als privativa quies, d. h. als jegliches Aufhören der Bewegung, cessatio a motu vel privatio motus; 2) als naturalis et positiva quies d. h. als die von der Natur per se bezweckte Ruhe, finis naturalis motus, cum scilicet res mobilis adepta est terminum et veluti complementum desiderii sui.[1]

Hier, in der Definition der Natur, wird quies im zweiten Sinne gebraucht. Fafst man danach also die Veränderung als

---

[1] Vgl. 1. Sent. dist. 40. qu. 4. art. 2. ad 1.: quies naturalis est finis motus naturalis et per se intenta a natura.

etwas auf, das als Endzweck das Aufhören der Veränderung, d. i. die Ruhe hat, so mufste Thomas notwendig die Definition des Aristoteles durch den Zusatz et quietis ergänzen, da ja die letztere innerlich mit der Veränderung (motus) zusammenhängt: eine Veränderung kann hier nur sein: eine Veränderung zu etwas hin, nämlich zum Endpunkt, Ziel der Veränderung; und Ruhe kann hier nur aufgefafst werden als: Ruhe von etwas, nämlich von der Veränderung. Die Partikel et ist hier also auch keineswegs disjunktiv, sondern konjunktiv gebraucht.

Die Natur ist nun das Princip für beides, sowohl für die Veränderung, als auch für die Ruhe, d. i. für den durch die Veränderung realisierten Zweck; sie ist das Princip in denjenigen Dingen, welche simpliciter von Natur aus verändert werden und in sich das Princip und die Ursache (principium et causa, passives und aktives Princip) ihrer Veränderung haben. Die Natur ist nämlich, insofern sie Natur ist, immer aus sich das Princip der Veränderung in dem veränderlichen Subjekt: Princip der natürlichen positiven Ruhe ist sie aber quasi ex consequenti, insofern eine solche Veränderung von der Form herkommt, die zu einem ganz bestimmten natürlichen Zweck inkliniert. So erklärt es Thomas: Non est intelligendum, quod in quolibet, quod movetur naturaliter, natura sit etiam principium quiescendi; quia corpus coeleste naturaliter quidem movetur, sed non naturaliter quiescit: sed hoc pro tanto dicitur, quia non solum motus, sed etiam quietis principium est.[1]

4. Schon früher hatten wir gesehen, dafs natura auf das Princip angewendet wird, von welchem die Entstehung ausgeht; letzteres war, wie ebenfalls früher gezeigt, ein ganz und gar inneres. Mithin mufs auch hier natura als inneres Princip gelten, d. h. als ein Princip, welches in dem Dinge selbst vorhanden ist. Als inneres Princip ist sie nämlich die Grundlage aller Eigenschaften, Merkmale, welche zu der Natur dieses bestimmten Dinges gehören, während zu demselben Ding noch

[1] Vgl. Albertus M., l. c. p. 59: principium utriusque simul, scilicet motus et quietis potest esse natura: quoniam ipsa per motum devenit ad quietem, et sic principiat unum per aliud: et ideo utriusque principium est simul, licet non eodem modo.

vieles andere gehören kann, dessen Grundlage nicht die Natur ist. So z. B. ist das innere Princip, die Wesenheit einer Marmorstatue nicht die äußere Gestaltung der Statue etwa als Mann, als Kind, als „Dornauszieher", als Göttin u. s. w., sondern nur — wenn man so sagen darf — ihr „Marmorsein". Alles andere dagegen gehört nicht zu ihrem Wesen, zu ihrer Natur, sondern ist durch Kunst von außen her in den Marmor hineingetragen. Durch den Zusatz in quo est werden daher alle äußeren Principien von dem Begriff der natura ausgeschlossen, und Natur eines Dinges heißt dann nur jenes Princip, welches in dem Dinge selbst vorhanden ist.

Thomas Physic. l. 2. lectio 1.: Dicit autem „in quo est" ad differentiam artificialium, in quibus non est motus nisi per accidens.

Joan. a S. Thoma l. c. II. 151.: illa opera artificiosa quantum ad substantiam non fiunt ab arte, sed solum quantum ad modum, quo diriguntur: et sic, licet ex parte substantiae operis sint actiones propriae ipsius subiecti et a principio intrinseco fiant, tamen quantum ad modum, quo fiunt secundum talem directionem artificiosam, non fiunt a principio intrinseco ipsi naturae corporeae, quae sola est natura mobilis, de qua in praesenti agimus, sed fiunt a principio adquisito per cognitionem et non habente radicem in ipsa natura, sed accidentaliter conveniente, et sic dicitur principium intrinsecum, quia inhaeret in ipso homine, non quia a natura dimanat.

5. Das Ding nun, in welchem die Natur das Princip sein soll, besteht aus seiner Substanz und seinen Accidenzen. Die letzteren bilden aber nicht das Innerste des Dinges: vielmehr ist die Substanz dieses Innerste, zu welcher jene erst hinzutreten. Daher muß auch die Natur, wenn sie in dem Dinge sein soll, nicht in den Accidenzen, sondern in der Substanz liegen, deren Wesenheit sie ist. Das bezeichnet Thomas durch den Zusatz primo.

Joan. a S. Thoma: natura non debet esse principium motus secundarium et instrumentale, quale est accidens, sed radicale primum, quale est substantia: accidens enim est aliquid adiunctum naturae, non constituens naturam, sed illi constitutae inhaerens. (l. c. p. 150.)

6. Die letzte Bestimmung in der Definition endlich: per se et non secundum accidens fügt Thomas aus dem aristotelischen Wortsinn heraus hinzu, um vom Begriff der Natur alles das auszuschliefsen, was zwar von einem inneren Princip bewegt oder verändert wird, aber von einem solchen, das nur per accidens damit verbunden ist. Wenn z. B. ein Arzt sich selbst heilt, so kommt diese Veränderung an ihm, das Gesundwerden, zwar von einem dem Arzte innerlichen Princip her, nämlich von seiner Heilkunst, aber nicht von seiner Natur, weil es für einen kranken Menschen nur zufällig ist, dafs er zugleich Arzt ist: per se wird der Kranke gesund, per accidens ist der Kranke zugleich Arzt und als solcher ist er das Princip der Heilung. Die Partikel per se soll daher das vorausgegangene primo näher erklären und genauer bestimmen, was erstes radikales Princip ist: sic enim intelligimus, quod non solum est primum respectu operationis et motus, sed quod in ipsa essentia rei est primum tamquam per se illi conveniens.[1]

Nach allem diesem müssen wir daher sagen, dafs im strengen und eigentlichen Sinne der Begriff Natur nur einem Dinge zukommt, welches Substanz ist. Nur im analogen Sinne kann man auch von der Natur eines Accidens sprechen, z. B. von der Natur der Ausdehnung oder der Kraft, wie man auch nur im analogen Sinne von der Wesenheit eines Accidens sprechen darf.

c) Das Naturale.

Nur diejenigen Veränderungen, welche an und für sich und nicht blofs per accidens (zufällig) auf das Princip eines Dinges zurückgeführt werden können, sind Äufserungen dieses Princips, als welches im vorhergehenden die Natur erkannt worden war. Sie sind also wahre Zeichen der Natur, tragen an sich selbst die Merkmale der Natur, können demnach in Wahrheit natürlich genannt werden. Daher sagt Thomas S. theol. 1. 2. qu. 16. art. 1.: Naturale est, quod convenit rei secundum substantiam eius i. e. quod per se inest ei. Die Substanz, d. h. die Wesenheit eines Dinges ist demgemäfs der Mafstab für das Urteil darüber,

---

[1] Joan. a. S. Thoma, Phil. nat. P. I. q. 9. art. 1. Tom. II. p. 161.

was an dem Dinge natürlich genannt werden kann oder nicht. Die Wesenheit des Menschen z. B. ist das „Mensch-sein", d. h. die specifisch menschliche Zusammensetzung aus menschlicher Seele und menschlichem Leibe. Alle Veränderungen daher, welche von der Wesensform des Menschen oder von seinem Körper oder von beiden zusammen ausgehen, d. h. deren Wurzel oder radikales Princip an und für sich die Natur des Menschen ist, und die daher auf das „Mensch-sein" als den Urgrund, als das Urprincip für ihre Entstehung zurückzuführen sind, sind natürlich, Äußerungen der Natur des Menschen. Denn: effectus naturae semper est naturalis.[1]

Aus dem Gesagten folgt, daß die Natur nicht das Princip für alle beliebigen Effekte sein kann; sie wäre ja sonst gar nicht aus diesen Effekten zu erkennen. Daher betont auch Thomas an verschiedenen Stellen, daß die principia naturalia sunt ad determinatos effectus definita, ultra quos se extendere non possunt.[2] Weil die Wesenheit der zusammengesetzten Dinge aber aus einer Form und der Materie besteht, kann auch Form wie Materie Natur, und alles, was aus ihnen hervorgeht, natürlich genannt werden. So sagt Thomas z. B. bezüglich der Form: Illud dicitur esse naturale alicui, quod convenit ei secundum conditionem suae formae, per quam in tali natura constituitur.[3]

Im allgemeinen kann man daher sagen: Natürlich ist einem Dinge alles das, was von einem inneren Princip dieses Dinges ausgeht.

Aus dieser allgemeinen Fassung geht schon hervor, daß die Wortbedeutung von „natürlich" eine mannigfaltige sein kann. Es mögen hier kurz die wichtigsten dieser Bedeutungen, wie sie sich bei Thomas finden, angeführt werden.

Danach kann naturale bedeuten:

1. Habens naturam et consequens naturam. Im eigentlichen Sinne ist etwas natürlich, was gemäß der Natur ist.

---

[1] Vgl. Quaest. disp. de Verit. qu. 24. art. 10. — 4. Sent. dist. 43. qu. 1. art. 1. Sol. II.

[2] Vgl. 4. Sent. dist. 43. qu. 1. art. 1. Sol. III. — Quaest. disp. de Veritate ebd.

[3] 2. Sent. dist. 39. qu. 2. art. 1.

Das Gebiet des Natürlichen.

Gemäfs der Natur ist aber unzweifelhaft dasjenige Ding, welches selbst eine Natur hat, und alles, was aus dieser Natur hervorgeht. Mithin ist zunächt der Besitzer der Natur (suppositum) und der natürlichen Merkmale selbst natürlich zu nennen; dann aber auch dasjenige, was aus der Natur fliefst, auf sie per se — wie oben gesagt wurde — zurückgeht, also die Merkmale der Natur an einem Dinge.

Naturale enim proprie dicitur, quod secundum naturam est; secundum naturam autem esse dicitur habens naturam et quae consequuntur naturam.[1]

2. **Quod est a natura ut a principio activo**, vel quia in natura est inclinatio ad recipiendum illud ab extrinseco. Bei den Körpern ist der Träger der Natur aus zwei Wesensbestandteilen zusammengesetzt, aus der Form und der Materie. Nach dem eben Gesagten ist nun dasjenige natürlich, quod habet naturam. Da nun beide Teile, Form wie Materie, in ihrer Verbindung das ganze Ding ausmachen, so participieren auch beide an der Natur dieses Dinges; beide zusammen machen die Natur des Dinges aus, sind jeder für sich etwas von der ganzen Natur, sind also auch natürlich zu nennen. Aber nicht nur Materie und Form in den zusammengesetzten Dingen, sondern auch das consequens naturam kann natürlich genannt werden, also dasjenige, was aus diesen beiden natürlichen Grundbestandteilen des zusammengesetzten Dinges per se fliefst. Von diesen beiden ist aber die Form das principium activum, die Materie das principium passivum und zwar für jede Art von Veränderungen dieses Körpers. Daher sind alle jene Veränderungen im Körper, welche entweder auf die Form als aktives Princip oder auf die Materie als passives Princip zurückgehen, als natürlich zu bezeichnen.

Dicitur autem aliquid naturale dupliciter: uno modo quia est a natura sicut a principio activo, sicut calefacere est naturale igni; alio modo secundum principium passivum, quia scilicet est innata inclinatio ad recipiendum actionem a principio extrinseco.[2]

---

[1] Vgl. 4. Sent. Dist. 43. qu. 1. art. 1. quaest. 3. Solutio III.
[2] S. theol. 1. 2. qu. 6. art. 5. — Vgl. 3. Sent. dist. 22. qu. 3. art. 2. quaest. 1., wo in der Solutio I. noch weitere Unterscheidungen angegeben

3. **Causatum ex principiis essentialibus rei, et quod habetur a nativitate.** Der Begriff der Natur war früher als nativitas gefaßt worden; er war aber auch als essentia, Wesenheit genommen worden. Beides hat einen inneren Zusammenhang. Denn erst nachdem durch die nativitas die res nata entstanden ist, ist auch in der letzteren die essentia vollkommen geworden. Den Grund hierfür gibt Thomas S. theol. 3. qu. 2. art. 1. an: Quia finis generationis naturalis est in eo quod generatur, scilicet essentia speciei, quam significat definitio ; inde est, quod huiusmodi essentia speciei vocatur etiam natura. Hiernach kann also ferner alles dasjenige natürlich genannt werden, was auf die Wesenheit eines Dinges zurückgeführt werden kann, wie auch dasjenige, was auf die Beschaffenheit eines Dinges zurückgeht, welche es im Momente seiner Entstehung[1] besaß. Das letztere umfaßt naturgemäß mehr als das erstere. Denn durch die nativitas wird wohl die res nata in den vollkommenen Besitz ihrer Wesenheit gesetzt, sie kann aber noch Eigenschaften mitbekommen, welche nicht per se auf die essentia zurückzuführen sind. Daher sagt Thomas S. theol. 3. qu. 2. art. 12: Natura uno modo dicitur ipsa nativitas, alio modo

werden. Respondeo dicendum, quod motus naturalis dicitur, cuius principium est natura. Natura autem dicitur dupliciter: scilicet de forma, quae est principium activum motus, et de materia, quae est principium passivum. Secundum hoc igitur dicitur aliquis motus dupliciter naturalis. Uno modo, quia in eo quod movetur, est principium activum motus; et sic corpora gravia et levia moventur naturaliter. Alio modo, quia in eo, quod movetur, est dispositio naturalis, per quam aliquid est mobile ab aliquo movente; et hoc contingit dupliciter. Quia vel inest ista aptitudo ad hoc quod moveatur ab illo movente cum inclinatione ad contrarium motum, sicut est in corpore animalis; et tunc motus ille dicitur violentus quantum ad naturam corporis inquantum est corpus; naturalis autem, quantum ad naturam corporis, inquantum est animatum, ut dicit Philosophus (8. Physic. text. 27.). Aut non est aptitudo ad contrarium inclinans, sicut patet in motu coelestium, quae moventur a substantia separata, et tamen dicuntur moveri naturaliter, ut dicit Commentator in 1. Coeli et Mund. (text. 89.).

[1] Vgl. S. theol. 3. qu. 34. art. 3.: illud quod homo habet in principio suae creationis, secundum communem naturae cursum, est homini naturale. Ferner: Quaest. disp. de Verit. qu. 24. art. 7.

essentia rei: Unde naturale potest aliquid dici dupliciter: uno modo quod est tantum ex principiis essentialibus rei, sicut igni naturale est sursum ferri; alio modo dicitur esse homini naturale quod ab ipsa nativitate habet.[1]

4. Quod convenit naturae generis vel naturae speciei ratione differentiae. Durch die nativitas wird jedes Ding zu dem bestimmten Einzelding; es hat seine vollkommene Wesenheit erhalten und kann auf Grund derselben jetzt auch genau von anderen Dingen unterschieden, sowie mit ihnen in Verbindung gebracht werden. Wir können also logisch durch Botrachtung der Wesenheit eines Dinges sein genus und vermittelst der specifischen Differenz seine species bestimmen. War daher früher dasjenige als natürlich bezeichnet worden, was ein Ding auf Grund seiner Wesenheit besitzt, so kann jetzt auch weiterhin dasjenige, was dem Dinge auf Grund seines genus und seiner species zukommt, als natürlich bezeichnet werden. So sagt Thomas bezüglich des Menschen: Aliquid dicitur esse naturale dupliciter. Uno modo, sicut ex principiis naturae ex necessitate causatum, ut moveri sursum est naturale igni etc. Alio modo dicitur naturale, ad quod natura inclinat, sed mediante libero arbitrio completur, sicut actus virtutum dicuntur naturales.[2]

---

[1] Vgl. auch 2. Sent. dist. 19. qu. 1. art. 4. — Hierzu gehört auch die Unterscheidung des naturale in das: quod cuilibet rei a suo creatore imponitur et causatum a principiis rei. Vgl. 4. Sent. dist. 17. qu. 3. art. 1. quaest. 2 . . .: quia ius naturale est, quod non opinio genuit, sed innata quaedam vis inscruit, ut Tullius dicit . . ., ideo sacramenta non sunt de iure naturali, sed de iure divino, quod est supranaturale; et quandoque etiam naturale dicitur, secundum quod cuilibet rei illud est naturale, quod ei a suo Creatore imponitur; tamen proprie naturalia dicuntur, quae ex principiis naturae causantur. Vgl. dazu die Ergänzung in Quaest. disp. de Verit. qu. 24. art. 7.: . . . non oportet, quod, quidquid creatura babet a Deo, sit ei naturale, sed solum illud, quod Deus ei indidit instituendo naturam ipsius. — Ferner: 4. Sent. dist. 33. qu. 1. art. 1. — S. ctr. Gent. l. 4. cap. 52. — Hierzu kann man endlich auch noch die Unterscheidung des naturale in causatum a principiis naturae et quasi propagatum cum natura ziehen; vgl. S. theol. 1. qu. 100. art. 1.; ebd. 1. 2. qu. 81. art. 2.

[2] 4. Sent. dist. 26. qu. 1. art. 1.

Wie wichtig diese Unterscheidungen sind und welche Folgen sie haben, zeigt Thomas bald darauf in folgender Ausführung: Natura hominis ad aliquod inclinat dupliciter. Uno modo quia est conveniens naturae generis, et hoc est commune omnibus animalibus; alio modo quia est conveniens naturae differentiae, qua species humana abundat a genere inquantum est rationalis, sicut actus prudentiae et temperantiae. Et sicut natura generis, quamvis sit una in omnibus animalibus, non tamen est eodem modo in omnibus, ita etiam non inclinat eodem modo in omnibus, sed secundum quod unicuique competit.

Vgl. auch 4. Sent. dist. 33. qu. 1. art. 1.: Omnibus rebus naturaliter insunt quaedam principia, quibus non solum operationes proprias efficere possunt, sed quibus etiam eas convenientes fini suo reddant; sive sint actiones, quae consequantur rem aliquam ex natura sui generis, sive consequantur ex natura speciei.[1]

5. **Secundum naturam speciei et secundum naturam individui.** Wie die Art von der Gattung, so wird auch das Individuelle von dem, was die Art bildet, unterschieden. Konnte die metaphysische Grundlage im Einzelding, welche den Begriff der species konstituiert, sobald sie logisch betrachtet wird, Natur genannt werden, so kann auch das, was das Individuum von der species unterscheidet und zum Einzelding macht, als Natur bezeichnet werden. In diesem Falle muſs also auch alles das, was auf diese individuelle Grundlage im Einzelding zurückgeht, natürlich sein, ebenso, wie dasjenige, was auf die metaphysische Grundlage des Species-Begriffes zurückgeht. Das hat seinen Grund darin, daſs überhaupt den logischen Begriffen des genus, der species u. s. w. im realen Dinge auch etwas Reales entspricht und zwar die verschiedenen Seiten oder Seinsgrade der essentia. Da nun alles, wie früher gesagt, was auf letztere als auf den wirklichen Grund zurückgeführt werden kann, dem Dinge natürlich ist, so muſs auch alles, was auf die metaphysische species, das genus zurückgeführt werden kann, natürlich genannt werden.

Aliquid dicitur alicui homini naturale dupliciter: uno modo

---

[1] Vgl. auch: S. theol. 1. 2. qu. 94. art. 2. — Ebd. art. 3. 4.

ex natura speciei; alio modo ex natura individui. Et quia unumquodque habet speciem secundum suam formam, individuatur vero secundum materiam, forma vero hominis est anima rationalis, materia vero corpus; ideo id quod convenit homini secundum animam rationalem, est ei naturale secundum rationem speciei; id vero quod est ei naturale secundum determinatam corporis complexionem, est ei naturale secundum naturam individui; quod enim est naturale homini ex parte corporis secundum speciem, quodammodo refertur ad animam, inquantum scilicet tale corpus est tali animae proportionatum.[1]

6. **Ens mobile et omne ens reale.** Früher war schon gesagt worden, dafs „Natur" im eigentlichen Sinne nur das innere Princip in den materiellen Dingen sei, weil diese allein dem motus, der Veränderung unterliegen; das ging unmittelbar aus der Definition der Natur hervor. Insofern ist daher jedes materielle Ding auch natürlich zu nennen, weil das Princip der Bewegung seine Wesenheit ausmacht. „Mobile" ist aber dasjenige, was zum motus befähigt, geeignet ist, d. h. dasjenige, was in sich das Princip seines motus besitzt, auf Grund dessen es daher auch bewegt werden oder sich selbst bewegen kann. Der motus ist aber, wie im Vorigen angegeben worden war, ein zweifacher: a) der motus im eigentlichen Sinne: motus naturalis et physicus, auf Grund dessen ein Ding physisch von einem Sein in ein anderes Sein verändert wird, oder von einem terminus zu einem anderen bewegt wird. Dasjenige Wesen nun, welches einer solchen Veränderung fähig ist, heifst ens mobile. Nach 1. Sent.

---

[1] S. theol. 1. 2. qu. 63. art. 1. — Ferner: Quaest. disp. de Verit. qu. 25. art. 6. — Auch bei dieser Einteilung und Bedeutung des naturale können noch weitere Unterscheidungen vorgenommen werden, wie aus S. theol. 1. 2. qu. 51. art. 1. hervorgeht: Aliquid potest esse naturale alicui dupliciter: uno modo secundum naturam speciei, sicut naturale est homini esse risibile, et igni ferri sursum; alio modo secundum naturam individui; sicut naturale est Socrati vel Platoni esse aegrotativum vel sanativum secundum propriam complexionem. Rursus secundum utramque naturam potest dici aliquid naturale dupliciter: uno modo, quia totum est a natura; alio modo, quia secundum aliquid est a natura et secundum aliquid est ab exteriori principio: sicut cum aliquis sanatur per seipsum, tota sanitas est a natura; cum autem aliquis sanatur auxilio medicinae, sanitas partim est a natura, partim ab exteriori principio.

dist. 17. qu. 2. art. 1. mufs dieses ens mobile stets eine Körpersubstanz sein. Daher sind auch die Ausdrücke ens mobile, corpus mobile oder substantia mobilis sachlich identisch und unterscheiden sich nur durch die Art und Weise, wie sie dieses sachliche Idem bezeichnen. Der Begriff ens mobile gibt das Subjekt der mobilitas nur vag an, der Begriff substantia mobilis bezeichnet nur das ens per se existens, d. h. das substantiale, selbständige Sein als geeignet für den motus, corpus mobile dagegen die materielle und sinnlich wahrnehmbare Substanz, der die dreifache Ausdehnung als eine Folge der von ihrer substantialen Wesensform vervollkommneten Materie gebührt. Daher heifst auch die Wissenschaft, deren Subjekt — oder, wie wir heutzutage sagen würden: Objekt — das ens mobile ist, eben weil dieses das ens naturale ist, selbst die scientia naturalis, Naturwissenschaft und Naturphilosophie.[1] — b) Motus im uneigentlichen Sinne dagegen ist jede operatio.[2] Insofern eine solche operatio in ihrem Subjekt ein Princip hat, heifst auch dieses Subjekt ein ens naturale, ein natürliches Ding. Jedes Wesen in der realen Welt ist aber irgend einer operatio fähig: daher ist auch jedes ens reale ein naturale.

Naturale potest dupliciter sumi. Uno modo prout dividitur contra ens in anima, et sic dicitur naturale omne illud, quod habet esse fixum in natura; et sic coelum empyreum et Angeli dicuntur naturalia. Alio modo dicitur naturale secundum quod dividitur contra ens divinum, quod abstrahitur a materia et motu: et sic naturale dicitur illud solum, quod movetur, et ut ordinatum ad generationem et corruptionem in rebus.[3]

7. Eine weitere Bedeutung des naturale als consequens ex principiis speciei vel ad quod natura inclinatur et

---

[1] Vgl. Metaphys. l. 6. text. 1.: Ens enim mobile est subiectum naturalis philosophiae. — Quaest. disp. de Verit. qu. 14. art. 8.: corpus mobile est subiectum naturalis philosophiae. — Anal. poster. l. 1. lect. 2. Ferner: Caietanus, Tractatus de subiecto naturalis Philosophiae; in: Opuscula omnia Thomae de Vio Caietani Cardinalis Tit. s. Xisti. Tom. III. tract. IV. fol. 108. Romae 1570.
[2] Vgl. S. theol. 1. qu. 19. art. 1.
[3] 2. Sent. dist. 2. qu. 2. art. 2.

ordinatur geht auf das, was unter Nr. 4 und 5 gesagt worden ist, zurück.[1]

8. **Consequens formam et consequens materiam.** Natürlich war — nach Nr. 1 — dasjenige, quod habet naturam et consequens naturam. In den zusammengesetzten Dingen sind aber Form und Materie als unmittelbar zu ihrer Natur gehörig zu bezeichnen. Mithin kann auch mit Recht dasjenige, was aus der Form und aus der Materie unmittelbar abzuleiten ist, das consequens formam et consequens materiam, naturale genannt werden. So ist es z. B. der Form des Menschen, der menschlichen Seele wesentlich und eigentümlich, daſs sie Akte des Denkens zu stande bringt: das Denken ist daher etwas Natürliches für den Menschen. Die Innigkeit der Verbindung zwischen Form und Materie begründet auch die innige Vereinigung zwischen diesen beiden Arten von naturale, die daher von Thomas auch durch ein et verbunden werden. So sagt er auch: In rebus naturalibus id quod est naturale quasi consequens formam tantum, semper actu inest, sicut calidum igni; quod autem est naturale sicut consequens materiam, non semper actu inest, sed quandoque secundum potentiam tantum; nam forma est actus, materia vero potentia: motus autem est actus existentis in potentia; et ideo illa, quae pertinent ad motum in rebus naturalibus non semper insunt, sicut ignis non semper movetur sursum, sed quando est extra locum suum.[2]

Natura autem dicitur dupliciter: scilicet de forma, quae est principium activum motus, et de materia, quae est principium passivum u. s. w.[3]

9. **Vel ad quod natura inclinat mediante cognitione, vel sine ea, sed ut causatum ex necessitate naturae.**

Durch den Zusatz mediante cognitione wird hier angegeben, daſs diese Unterscheidung des naturale eigentlich nur auf solche Wesen anzuwenden ist, welche cognitio, die virtus cognitiva

---

[1] Vgl. 2. Sent. dist. 20. qu. 1. art. 1. — 4. Sent. dist. 26. qu. 1. art. 1.

[2] S. theol. 1. 2. qu. 10. art. 1.

[3] 3. Sent. dist. 22. qu. 3. art. 2. quaest. 1. — Vgl. auch: Metaphys. qu. 5. art. 5. — Ethic. l. 5. lect. 12.

oder apprehensiva besitzen. Das ist im vollkommensten Sinne der Fall bei den Menschen, die eine Vernunfterkenntnis besitzen. Im unvollkommenen Sinne dagegen findet sich das Erkenntnisvermögen auch bei den Tieren. Die virtus apprehensiva oder cognitiva ist nun ebenso wie die virtus appetitiva etwas, was zur Wesenheit der animalia — Menschen und Tiere — per se gehört. Beide virtutes sind daher auch natürlich zu nennen. Dann können aber auch alle jene operationes, welche auf Grund dieser beiden natürlichen Vermögen geschehen, natürlich genannt werden. Daher sind bei dem Menschen alle bewufsten Handlungen des Denkens, Fühlens u. s. w., überhaupt alle operationes, welche er durch seine virtus appetitiva auf Grund der virtus cognitiva, d. h. also mediante cognitione, oder, wie Thomas 4. Sent. dist. 26. qu. 1. art. 1. sagt, mediante libero arbitrio vollführt, natürlich zu nennen, wenn sie ex inclinatione naturae hervorgehen; ebenso aber auch alle operationes, welche die Tiere auf Grund ihres Naturstrebens vollbringen. Allein, es gibt sowohl bei den Menschen, wie bei dem Tiere operationes, welche non mediante virtute apprehensiva — soweit man von letzterer bei den Tieren sprechen kann — zu stande kommen; so z. B. die bekannte Thatsache, dafs die Katzen beim Fallen stets auf ihre Füfse fallen, dafs das Kind, ohne darüber belehrt zu sein, beim Fallen stets die Hände vorstreckt, ebenso die einzelnen nicht ausdrücklich bewufsten Handlungen beim Essen u. s. w. Nicht alle solche operationes dürfen aber als natürlich angesehen werden, sondern nur jene, welche per se und nicht per accidens auf die Natur als Princip zurückgeführt werden können: denn nur diejenige operatio, deren Princip die Natur per se ist, ist auch causata ex necessitate naturae. So ist das Wiederanwachsen von integrierenden Körperteilen bei den Insekten und anderen Lebewesen — wie z. B. die Ergänzung des abgebrochenen oder abgeschnittenen Schwanzes bei den Eidechsen — natürlich, wenn es von innen heraus geschieht, dagegen die Ergänzung solcher Körperteile durch einen operativen Eingriff, also durch die äufsere Kunst, nicht natürlich.

Aliquis motus dicitur naturalis, quia ad ipsum inclinat natura. Sed hoc contingit dupliciter: uno modo, quod totum perficitur a natura absque aliqua operatione apprehensivae virtutis, sicut moveri sursum est motus naturalis ignis, et augeri est motus naturalis animalium et plantarum. Alio modo dicitur motus naturalis ad quem natura inclinat, licet non perficiatur nisi per apprehensionem, quia, sicut supra dictum est (qu. 10. art. 1. et qu. 17. art. 9.), motus cognitivae et appetitivae virtutis reducuntur in naturam sicut in principium primum. Et per hunc modum etiam ipsi actus apprehensivae virtutis, ut intelligere, sentire et memorari, et etiam motus appetitus animalis quandoque dicuntur naturales.[1]

10. **Quod per principia naturae acquiri potest et consequens ex necessitate principiorum naturale.**

Eine Ergänzung zu der vorigen (9.) Unterscheidung des naturale kann man dadurch erhalten, dafs man den Begriff der Kausalität, wie er dort für alles dasjenige, was auf Grund der Natur produziert wird, festgehalten wurde, verallgemeinert und die Natur nur als Princip auffafst. Dann kann man nämlich zwischen demjenigen unterscheiden, was die Natur direkt d. h. als causa efficiens produziert, und dem, für welches die Natur wohl noch wahres, inneres Princip ist, aber nur in gleichsam unvollkommener Weise, weil sie noch eines anderen Principes bedarf, um in dem bestimmten Falle wahre causa efficiens zu werden. Das ist z. B. der Fall für die Thätigkeit der äufseren Sinne: der Geschmakssinn des Menschen ist die Fähigkeit, das Vermögen, zu schmecken; allein erst dann, wenn ein schmeckbarer Körper in eigentümlicher Weise auf die Geschmacksnerven einwirkt, kann die Geschmacksempfindung hervorgerufen werden, also der Geschmackssinn in Thätigkeit treten.

Aliquid dicitur naturale dupliciter. Uno modo cuius principium sufficiens habetur ex quo de necessitate illud consequitur, nisi aliquid impediat; sicut terrae est naturale, moveri deorsum; et de hoc intelligit Philosophus, quod nihil, quod est contra

---

[1] S. theol. 1. 2. qu. 41. art. 3. — Vgl. 4. Sent. dist. 26. qu. 1. art. 1. — S. ctr. Gent. l. 5. cap. 112. — Expos. in 1. Ep. ad Cor. cap. 7. lect. 1. — Hierzu gehört auch die Unterscheidung des naturale in: naturale homini secundum rationem et condivisum rationis, secundum sensum vel secundum corpus; vgl. S. theol. 1. 2. qu. 31. art. 7.

naturam, est perpetuum. Alio modo dicitur aliquid alicui naturale, quia habet naturalem inclinationem in illud, quamvis in se non habeat sufficiens illius principium ex quo necessario consequatur; sicut mulieri dicitur naturale concipere filium, quod tamen non potest, nisi semine maris suscepto.[1]

Das Resultat dieser Untersuchung läfst sich in folgenden Worten zusammenfassen: Wenn alles das an einem Dinge natürlich zu nennen ist, was aus der Wesenheit desselben per se und nicht per accidens direkt zu folgern ist, so sind a) die Wesenheit selbst, b) die substantialen Principien, welche die Wesenheit als solche konstituieren, also Form und Materie für die Körper, c) die Accidentien, welche ihren Grund in der Wesenheit haben, wie z. B. die Ausdehnung, die Qualitäten, zu denen auch die Kräfte gehören, d) die Thätigkeiten, welche durch jene Kräfte ausgeübt werden, und endlich e) die Effekte, welche durch diese Thätigkeit bewirkt werden, natürlich zu nennen.

Aus dem Begriff des naturale folgt ferner der Grundsatz: Alles, was für ein Wesen natürlich ist, dessen Natur selbst unveränderlich ist, mufs ihm auch immer und überall natürlich sein: illud, quod est naturale habenti naturam immutabilem, oportet, quod sit semper et ubique tale.[2] Ist dagegen die Natur eines Wesens selbst veränderlich, wie z. B. die des Menschen, so kann dasjenige, was diesem Wesen natürlich ist, auch deficieren, mangelhaft werden, wenn nämlich die Natur sich ändert.[3]

2. Die Naturkräfte.

a) Die Bedeutung der Naturkräfte.

Man spricht heutzutage viel über Naturkräfte und über Gesetze, nach welchen jene sich richten sollen. Hat ein Sturm die Wälder verwüstet, das Meer weite Strecken Landes überflutet, das Feuer ganze Stadtteile oder Dörfer verzehrt, so ist man sofort geneigt, alles dieses den „Naturkräften" Sturm, Wasser, Feuer

---

[1] Quaest. disp. de Verit. qu. 24. art. 10.
[2] S. theol. 2. 2. qu. 57. art. 2. ad 1.
[3] Ebd.

zuzuschreiben. Beginnt ein Vulkan seine glühenden Lavamassen auszuwerfen, so wirken die Kräfte der Natur in seinem Innern; will man eine Centralstation für „elektrische Krafterzeugung" anlegen, so sucht man ebenfalls nach „Naturkräften", Wasserfällen u. s. w., welche die Hauptarbeit dem Menschen abzunehmen haben. Thatsächlich läuft diese Art und Weise, wie man sich die Naturkräfte vorstellt, auf eine Personifikation derselben hinaus.[1] Zu einer solchen Auffassung neigt sowohl oft

[1] Vgl. B. Stewart und P. G. Tait, The Unseen Universe S. 104, in W. Mc Donald, Motion; its origin and conservation. Dublin, 1898, S. 5. Anmerkung 1: There is widespread confusion and error as to the meaning even of so simple and elementary a term as „force". The reader will often find it used indifferently in either of two senses which have no connection whatever with one another: and unless he completely gets over this abuse of language, he need not hope to be able to follow the present portion of our preliminary argument. Force proper is a pull, push, weight, pressure etc, and can be measured, in the vernacular of engineers, as equivalent to so many pounds weight; but the unjustifiable use of the word applies it to work done by a force, so many pounds raised so many feet, i. e., force overcome through a space. Two such things are of different kinds, and cannot possibly be compared together. They differ, in fact, in precisely the same way as length or breadth differs from superficial area, i. e., as a linear foot differs from a square foot. And the modern use of the word is more outrageous alike to science and to common sense, than would be the attempt to assign the height of a mountain in acres. For the absurdity does not end even here. We have, as yet, absolutely no proof whatever that force proper has objective existence. In all probability there is no such thing as force (which is suggested to us by the impressions of our muscular sense), anymore than there is such a thing as Sound or Light, which are mere names for physical impressions produced upon special nerves by the energy of undulatory motions of certain media. The term, however, is a very convenient one for the rate of transference or transformation of energy per unit of length in a given direction. — Vgl. auch P. Mielle, De substantiae corporalis vi et natura. Lingonis 1894. S. 302 ff. Adolf Bastian, Die Welt in ihren Spiegelungen unter dem Wandel des Völkergedankens. Berlin 1887. S. 96 f. — Wie man auch populärmodern über Kraft sprechen kann, zeigt das Konversations-Lexikon von Brockhaus: „Kraft, nach älterem Sprachgebrauch jede Ursache einer Wirkung. Nach der heutigen bestimmteren (!) Ausdrucksweise versteht man unter Kraft lediglich einen bewegungsbestimmenden Umstand (!!), also einen Begriff der Mechanik (!) . . . Die Naturkräfte wirken im

die moderne Naturwissenschaft, wie besonders die evolutionistische Religionsphilosophie, welche als erste Stufe religiöser Bethätigung die Personifikation der Naturkräfte bezeichnet.[1] In allen diesen und vielen ähnlichen Fällen begeht man den einen Fehler, dafs man nicht scharf genug zwischen nächster und entfernterer Ursache unterscheidet. Denn alle vorhin bezeichneten Effekte gehen von Naturdingen, d. h. von geschöpflichen Dingen aus. Es wäre aber falsch, wenn man behaupten wollte, dafs das Naturding, das Geschöpf als solches direkt durch seine Wesenheit thätig sei. Vielmehr müssen wir an jedem geschaffenen Dinge, insofern es thätig ist, dreierlei unterscheiden: a) das ganze Ding, welches wir als das thätige Ding erkennen; b) dasjenige an diesem Dinge, wodurch es im allgemeinen Princip einer Thätigkeit sein kann: das ist seine Natur, seine Wesenheit; und endlich c) dasjenige an dem Dinge, wodurch es zum Thätigsein befähigt wird: das ist die Kraft. Das erstere nennt man das principium quod agit, das zweite das principium quo radicale und das dritte das principium quo proximum et immediatum.

1. Gehen wir, um dieses als richtig nachzuweisen, von den exakten Thatsachen aus! Wenn am Baume im Frühjahr die Knospen schwellen, durch stetige Einwirkung der Sonnenwärme allmählich zu Blättern werden, so sagen wir: der Baum wächst, d. h. er erzeugt aus sich heraus etwas Neues an ihm, neue Zellen u. s. w., indem er aus der Feuchtigkeit der Luft und des Bodens, in welchem er wurzelt, aus letzterem zugleich auch feste Bestandteile in sich aufnimmt und sich selbst assimiliert. Der Baum bethätigt dadurch jene Kraft in ihm, welche wir gewöhnlich seine Lebenskraft nennen, die aber eigentlich nur einen Teil der Äufserungen jener Lebenskraft umfafst, nämlich die Kraft zu wachsen; denn Ernährung, Wachstum und Fortpflanzung sind alle nur Teile jener Lebenskraft. Wenn wir nämlich die

---

allgemeinen so, dafs sie den Abstand von materiellen Punkten zu verkleinern oder zu vergröfsern suchen" (!). Brockhaus' Konversations-Lexikon, 14. Aufl. 10. Bd. S. 668 f.

[1] Vgl. z. B. Ratzel, Völkerkunde. 2. Aufl. Leipzig und Wien 1894/95. I. Bd. S. 38 ff.

Thätigkeit des Wachsens genauer betrachten, so besteht ihr Zweck nicht darin, das Ding, welches wächst, in seinem Zustande zu erhalten — das thut die Ernährung —, sondern darin, daſs dieses Ding irgendwie der äuſseren Ausdehnung nach mehr wird, als es vorher war, d. h. also, daſs es quantitativ verändert wird.[1]

Fragen wir nun hierbei, was da wächst, so müssen wir antworten: der Baum und zwar als Ganzes betrachtet. Denn alles, was zum Baume gehört, sei es die Wurzel, der Stamm, die Zweige oder die Blätter, alles dieses ist eben nur ein Teil des ganzen Baumes, von dem es nicht getrennt werden kann, ohne daſs es dadurch seine Bestimmung als Teil dieses bestimmten Baumes verliert. Der ganze Baum wird mithin quantitativ, d. h. bezüglich eines seiner Accidentien verändert. Und da diese Thätigkeit eben seine Thätigkeit ist, so müssen wir auch sagen, daſs der Baum als Ganzes diese Thätigkeit in irgend einer Weise zu stande bringt: er ist demnach das principium quod agit, nämlich hier jenen Effekt hervorbringt, den wir das Wachsen nennen. Unter dem Begriff des principium quod verstehen wir daher nur die konkrete Ursache einer thatsächlichen Wirkung und zwar die hervorbringende Ursache, causa efficiens.

2. Wir wissen also bis jetzt zwar, daſs der Baum ein Princip für das Wachsen ist, aber wir wissen noch nicht, wie er diese Thätigkeit des Wachsens hervorbringt. Denn im Grunde genommen haben wir vorhin nur sagen können, daſs der Baum, weil er vorhanden ist, existiert, weil er ein wirkliches Ding ist, auch thätig ist. Das ist aber nichts anderes als das, was der allgemeine Erfahrungsgrundsatz besagt: daſs nämlich alle Dinge in der natürlichen Welt nicht nur sind, d. h. wirklich existieren, sondern auch thätig sind, daſs also mit ihrer Existenz auch irgendwie ihr Thätigsein verbunden ist. Was gibt es aber in ihnen, das sie befähigt, thätig zu sein?

Zunächst kann offenbar nicht das ganze Ding als solches zugleich dasjenige sein, wodurch es thätig ist. Wenn ein Pferd

---

[1] Vgl. De anima l. 2. lect. 9. — S. theol. 1. qu. 78. art. 2.

mit seinem Hufe einen Menschen schlägt, so sagen wir wohl, daſs das Pferd jenen Menschen geschlagen habe; korrekter aber müſsten wir sagen, daſs das Pferd mit seinem Hufe, also mit einem Teile des Ganzen jene Thätigkeit ausgeführt habe. Trotzdem ist das ersterwähnte Urteil: ein Pferd hat einen Menschen geschlagen, ebensowenig falsch, wie das Urteil: A hat B ermordet, wenn A auch nur mit einer Hand den Dolch in das Herz des B gestoſsen hat. Denn die Hand des A, der Fuſs oder Huf des Pferdes sind eben als Teile des Ganzen von diesem Ganzen zur Thätigkeit dirigiert worden. Somit ist das Ganze wohl das principium quod agit, aber es kann nicht zugleich das principium quo agens agit sein. Das letztere kann aber auch nicht etwa ein einzelner Teil des Dinges sein: denn die Hand, welche den Dolch führt, der Huf des Pferdes u. s. w. sind ebenfalls nur ein principium quod agit, wenn auch nicht ein selbständiges, sondern nur ein dem Ganzen angehöriges Princip. Wir müssen also wiederum die Frage stellen: wodurch ist das principium quod agit thätig?

Dieses uns noch unbekannte principium quo kann nun wieder offenbar nicht auſserhalb des ganzen Dinges sein, sondern muſs im Gegenteil, da es auch nicht ein bloſser Teil des Ganzen sein darf, im Innersten des Dinges selbst vorhanden sein. Das ganze Ding besteht aber aus seiner Wesenheit und seinem Dasein, d. h. es ist die aktualisierte Wesenheit, eine Wesenheit, die ihre letzte Vollendung erhalten hat, nämlich jetzt thatsächlich aus dem Nichts und aus ihren Ursachen herausgestellt worden ist.[1] Wenn also das principium quo, dasjenige Princip, welches erst das Ding zum Thätigsein wirklich befähigt, im Innersten dieses Dinges liegen soll, so kann es nur entweder seine Wesenheit oder sein Dasein, seine Existenz sein. Das letztere kann es unmöglich sein: denn das Dasein schlieſst in seinem Begriff absolut nicht die Thätigkeit ein. Auch die Erfahrung widerspricht dem; denn sonst müſste jedes Ding nur, weil es da ist, auch thätig sein, d. h. es müſste in fortwährender Thätigkeit begriffen sein. Das Gegenteil aber erkennen wir: die Dinge können auch von ihrer

---

[1] Vgl. De ente et essentia cap. 5. — S. theol. 1. qu. 54. art. 3. — ebd. qu. 4. art. 1.

Thätigkeit ruhen; kein Mensch wird aber behaupten, dafs sie in diesem Falle aufgehört haben zu existieren. Mithin bleibt nur übrig anzunehmen, dafs die Wesenheit jenes Princip ist, durch welches ein Ding thätig ist. Das bestätigt wiederum die Erfahrung, die uns nicht eine einzige Art von Thätigkeit zeigt, sondern verschiedene Arten und zwar stets solche bestimmten Arten des Thätigseins, wie sie grade der Natur (Wesenheit) eines jeden Dinges entsprechen. Ein Tier kann nur eine Thätigkeit ausüben, wie sie der Natur eines Tieres entspricht, eine Pflanze nur pflanzlich, ein Mensch nur menschlich thätig sein. Dasselbe gilt selbstverständlich auch für das beschränkte Thätigsein der unbelebten Körper u. s. w.

Wir haben demgemäfs jetzt auch das Principium quo für das Thätigsein gefunden und bewiesen: es ist die Natur eines jeden Dinges. So rechtfertigt sich von neuem die aristotelischthomistische Definition der Natur als principium intrinsecum motus; denn bei jeder actio der geschöpflichen Ursachen findet sich auch ein motus, eine Veränderung.

3. Allein, wenn auch die Natur eines Dinges das principium quo für dessen Thätigkeit ist, so kann es doch nicht das einzige principium quo sein. Es mufs gleichsam noch ein Instrument, einen Diener haben, durch welchen es selbst wieder die Einzelthätigkeiten bewirkt. Denn die Wesenheit oder Natur eines Dinges ist dasjenige, wodurch dieses letztere zu dem bestimmten Dinge wird. Es kann also nur eine einzige Wesenheit für ein Ding geben, nicht mehrere. Wäre nun die Wesenheit das einzige und letzte principium quo für die Thätigkeit eines Dinges, so dafs also zwischen ihr und dem Thätigsein des Dinges kein Mittelglied vorhanden wäre, so müfste dieses Ding stets auch nur eine einzige und zwar fortdauernde Thätigkeit ausüben. Eine einzige Thätigkeit deshalb, weil die Wesenheit nicht in sich selbst geteilt ist, eine fortdauernde, weil in demselben Augenblicke, in welchem das Thätigsein des Dinges aufhören würde, auch die Wesenheit dieses Dinges aufhören müfste, also dieses Ding nicht mehr das wäre, was es vorher war. Wir könnten uns also auch überhaupt nicht einmal ein solches Ding denken, das immer und immer nur eine einzige

Thätigkeit ausübte. Die Erfahrung dagegen zeigt uns, dafs jedes Ding nicht nur verschiedene Thätigkeiten und zwar auch zu gleicher Zeit auszuüben im stande ist, sondern auch bald die eine, bald die andere Thätigkeit aufhören lassen kann.

Mithin müssen wir sagen, dafs zwischen der Natur oder der Wesenheit eines Dinges und dessen Thätigsein noch ein weiteres und unmittelbareres principium quo stehen mufs. Das ist die Kraft eines Dinges.

Dieses zweite principium quo darf aber nicht ebenso beschaffen sein, wie das erstere, die Wesenheit des betreffenden Dinges. Es kann ferner auch kein neues Ding sein, keine neue Substanz, weil dann das Thätigsein nicht, wie vorhin als notwendig gezeigt, aus dem Inneren derjenigen Substanz hervorgehen würde, die wir als das principium quod erkennen. Andererseits mufs es aber mit diesem principium quod durch dessen Wesenheit so innig verbunden sein, dafs es von ersterem wirklich zum Thätigsein gebraucht werden kann. Dadurch wird mithin gefordert, dafs dieses neue, weitere principium quo an der Substanz sein mufs, ohne selbst eine Substanz zu sein. Das nennt man aber ein Accidens, d. h. etwas, zu dessen Wesenheit es gehört, in einem anderen Dinge, nämlich in einer Substanz zu existieren.[1] Darin liegt nun die Möglichkeit, dafs die Substanz, die im letzten Grunde durch ihre Wesenheit zur Thätigkeit befähigt ist, jetzt mit Hilfe einer neuen Vervollkommnung, die allerdings nur accidentell ist, auch diese allgemeine Fähigkeit in einzelne Akte umzusetzen vermag.

Dies sind die Ausführungen, welche bei Thomas nur in teilweise umgekehrter Reihenfolge S. theol. 1. qu. 77. art. 1. zu finden sind: Respondeo dicendum, quod impossibile est dicere, quod essentia animae sit eius potentia, licet hoc quidam posuerint; et hoc dupliciter ostenditur quantum ad praesens. Primo, quia cum potentia et actus dividant ens et quodlibet genus entis,

---

[1] Vgl. 4. Sent. dist. 12. qu. 1. art. 1. quaest. 1. ad. 2.: Esse in subiecto non est definitio accidentis, sed e contrario: res, cui debetur esse in alio; et hoc nunquam separatur ab aliquo accidente nec separari potest; quia illi rei, quae est accidens, secundum rationem suae quidditatis semper debetur esse in alio.

oportet quod ad idem genus referatur potentia et actus; et ideo, si actus non est in genere substantiae, potentia, quae dicitur ad illum actum, non potest esse in genere substantiae. Operatio autem animae non est in genere substantiae, sed in solo Deo operatio est eius substantia; unde Dei potentia, quae est operationis principium, est ipsa Dei essentia; quod non potest esse verum neque in anima, neque in aliqua creatura, ut supra etiam de Angelo dictum est... Secundo, hoc etiam impossibile apparet in anima. Nam anima secundum suam essentiam est actus. Si ergo ipsa essentia animae esset immediatum operationis principium, semper habens animam actu haberet opera vitae, sicut semper habens animam actu est vivum. Non enim, inquantum est forma, est actus ordinatus ad ulteriorem actum, sed est ultimus terminus generationis. Unde quod sit in potentia adhuc ad alium actum, hoc non competit ei secundum suam essentiam, inquantum est forma, sed secundum suam potentiam; et sic ipsa anima, secundum quod subest suae potentiae, dicitur actus primus, ordinatus ad actum secundum. Invenitur autem habens animam non semper esse in actu operum vitae. Unde etiam in definitione animae dicitur, quod est actus corporis potentia vitam habentis, quae tamen potentia non abiicit animam. Relinquitur ergo, quod essentia animae non est eius potentia; nihil enim est in potentia secundum actum, inquantum est actus.

4. Nun könnte man ja noch erwidern, dafs die Kraft an und für sich dazu da sei, um Effekte hervorzubringen; daher könne sie dieses auch aus sich selbst, ohne der Grundlage für ihr Sein, der Substanz nämlich, zu bedürfen. Allein dem widerspricht die wesentliche Bedeutung und Aufgabe, welche die Kraft als solche hat, und durch welche sie mit der Substanz verbunden ist. Denn sie soll ja ein Mittel für die Substanz sein, durch welches diese letztere die Effekte hervorbringt. Ein solches Mittel mufs also in einem bestimmten Verhältnis zur Substanz stehen.

Dieses Verhältnis der Kraft zur Substanz ist das einer natürlichen Abhängigkeit. Thomas sagt: subiectum (d. h. die Substanz) est causa proprii accidentis et finalis et quodammodo activa: et etiam ut materialis, inquantum est susceptiva illius.¹ Eine solche Art von Abhängigkeit bedeutet aber für die Kraft, dafs sie nicht beliebig wirken kann, sondern nur dann, wenn sie dazu von der Substanz, der sie zu Gebote steht, angewendet wird. Die Kraft kann daher auch nicht die eigentliche Hervorbringerin der Effekte sein, sondern nur ein Princip, das gleichsam von der Substanz durch deren Wesenheit den Auftrag erhält, eine bestimmte Thätigkeit hervorzubringen.

Aus allem diesen geht endlich hervor, dafs weder die Substanz für sich allein, noch ihre Wesenheit, noch die Kraft für sich allein Effekte zu produzieren im stande ist. Vielmehr haben alle drei ihren bestimmten, begrenzten Anteil am Effekte.

Dieser Anteil ist naturgemäfs nach der verschiedenen Wesenseigentümlichkeit der in Betracht kommenden Faktoren verschieden. Die Substanz bestimmt durch ihre Wesenheit die in ihrem Besitze befindliche Kraft zu einer bestimmten Thätigkeit. Die Wesenheit ist daher wohl das entferntere Princip für jede Thätigkeit der Substanz, aber trotzdem das principium quo radicale, d. h. jenes Princip, welches die letzte Wurzel für das Entstehen eines jeden Effektes ist. Die Kraft dagegen ist das principium proximum et immediatum quo, indem sie eigentlich den Effekt hervorbringt, wirklich schafft, allerdings nur auf Grund ihrer doppelten Wurzel: der Substanz, welche ihr erst die Möglichkeit zum Wirken gibt, der Wesenheit, welche ihr die bestimmte Art des Wirkens angibt. Dasjenige endlich, welches der Besitzer beider, der Wesenheit wie der Kraft, ist, das suppositum, das ganze Ding, ist das principium quod agit.

b) Die Bezeichnungen der Naturkräfte.

α) Vis.

1. Im Vorhergehenden war die Kraft im allgemeinen als ein Accidens bestimmt worden, welches die Substanz innerlich ergänzt, vervollkommnet, genauer aber als jene Eigenschaft, durch deren Besitz die Substanz zum Wirken befähigt wird.

Fassen wir den Begriff des Wirkens ganz allgemein als Thätigkeit, ohne letztere irgendwie nach ihrer Art, nach ihrem

---

¹ S. theol. 1. qu. 77. art. 6.

Grade, Verlauf, Ausgangs- oder Endpunkt näher zu bestimmen,[1] so erhalten wir auch den allgemeinsten Begriff der Kraft. Eine jede Thätigkeit, jede Art von Wirken ist der Ausflufs irgend einer Kraft. Dieser allgemeinste Begriff von Kraft wird bei Thomas vis genannt. So spricht er z. B. beim Menschen von einer vis generativa, vis cognitiva und affectiva; so nennt er die vis apprehensiva und die vis executiva ein principium actus moralis.[2] Daher definiert er diesen Begriff der vis folgendermafsen: Vis est omne, quod est principium operationis.[3] Und für den letzteren Begriff, den der operatio, gilt dann das, was vorhin schon angedeutet war:[4] operatio dicitur quilibet actus rei, etiamsi exterius non transeat, so dafs man also vis ganz allgemein definieren könnte: vis est omne, quod est principium cuiuslibet actus rei, etiamsi non exterius transeat.

In dieser Weise kann also jede Kraft und jeder Effekt einer Kraft in der Natur betrachtet werden, wenn wir dabei nämlich von jeder Besonderheit des speciellen Falles absehen. Dagegen ist der allgemeinste objektive Begriff von vis und operatio nicht so aufzufassen, als ob er wirklich für sich irgendwie real in der Natur existierte; denn er ist, wie jeder Allgemeinbegriff, nur durch Abstraktion vom Besonderen gewonnen worden.

2. „Princip" bezeichnet nun die Ordnung des Hervorgehens von einem Dinge oder Wesen: Hoc nomen principium nihil aliud significat, quam id, a quo aliquid procedit. Omne enim, a quo aliquid procedit quocumque modo, dicimus esse principium, et e converso.[5] Dasjenige also, von dem in irgend einer Weise etwas ausgeht, kann im Hinblick auf dieses letztere

---

[1] Daher sagt Thomas 2. Sent. dist. 12. in expos. text.: Operatio dicitur quilibet actus rei, etiamsi exterius non transeat.
[2] S. ctr. Gent. l. 3. cap. 10.
[3] 3. Sent. dist. 23. qu. 1. art. 3. quaest. 1.
[4] Vgl. oben Anmerkung 1.
[5] S. theol. 1. qu. 33. art. 1. — Vgl. auch: S. August. De Trinit. l. 5. cap. 11.: Principium est initium inchoantis aliquid, quod sit in ordine primum. Hierzu mufs man jedoch bemerken, dafs nicht jedes principium schon initium ist, sondern nur dasjenige principium darf in eigentlichem Sinne auch initium genannt werden, welches das principium durationis aut motus für diejenige Sache ist, welche eine Dauer hat.

Princip genannt werden. Daher darf man schon das, was Thomas elementum nennt, als Princip bezeichnen: ex quo aliquid primo fit, z. B. die Material- und Formalursache.[1] Ganz besonders ist aber jede bewirkende Ursache ein Princip; denn von ihr geht das Verursachte in ganz besonderer Weise aus. Während nämlich zum Begriff des principium nur die prioritas ordinis gehört,[2] ist die causa jenes Princip, welches einen Einfluſs auf das Sein des principiatum ausübt.[3] Der Begriff des Princips ist daher seinem Umfange nach ein weiterer als derjenige der causa. Vergleichen wir die causa mit dem von ihr causatum, so liegt im letzteren Begriffe zweierlei: 1) die Verschiedenheit und 2) die Abhängigkeit des causatum von seiner causa. Dagegen können wir den Begriff des principium auch auf solche Dinge anwenden, die in keiner Weise von ihrem principiatum verschieden sind, und deren principiatum selbst auch keine Abhängigkeit vom principium zeigt. So z. B. ist der Punkt das Princip für eine Linie: aber alle anderen Punkte dieser Linie sind weder abhängig, noch ihrer Natur nach verschieden vom Anfangspunkte der Linie. Mithin kann der Begriff des principium sowohl in dieser letzteren allgemeineren Bedeutung, wie auch in der Bedeutung von causa gebraucht werden.

In der jetzigen Weltordnung gibt es nun, wie die Erfahrung lehrt, und wie im Vorigen gezeigt worden ist, keine causa, welche unmittelbar durch sich selbst oder vielmehr durch ihr Sein thätig ist. Nur Gottes Sein ist auch identisch mit seinem Thätigsein. Alle anderen causae sind als geschöpfliche Ursachen wohl im stande, thätig zu sein, aber nur deshalb, weil sie die Fähigkeit, causae zu sein, besitzen. Diese Fähigkeit ist das, was wir Kraft

---

[1] Vgl. Meta. 1. 5. lect. 4.
[2] Vgl. Meta. 1. 5. lect. 1.
[3] Vgl. S. theol. 1. qu. 33. art. 1. ad 3.: licet hoc nomen principium, quantum ad id a quo imponitur ad significandum, videatur a prioritate sumptum, non tamen significat prioritatem, sed originem. Non enim idem est, quod significat nomen, et a quo nomen imponitur. — Über die Arten des principium vgl. ebd. ad 1.: Omnibus igitur principiis commune est, esse primum, unde aut est (Principien des Seins), aut fit (Principien des Werdens), aut cognoscitur (Principien der Erkenntnis).

nennen, und nur durch diese Kraft kommt auch das zu stande, was wir operatio nennen.

Betrachten wir daher irgend einen Effekt im Verhältnis zu seinem Hervorbringer, so sagen wir im allgemeinen z. B. der Maler malt ein Gemälde, der Zimmermann verfertigt einen Tisch, u. s. w. In allen diesen Fällen haben wir vier Sachen zu unterscheiden: 1) den Menschen, den Maler, den Zimmermann u. s. w., welcher etwas thut, etwas Neues hervorbringt; 2) dieses Neue als etwas vom Menschen Verschiedenes, d. h. das Produkt seiner Thätigkeit; 3) dasjenige, welches beide verbinden kann: das ist die Fähigkeit im Menschen zum Wirken, Thätigsein, die Kraft; und endlich 4) dasjenige, welches beide wirklich verbindet: das ist der Akt der Produktion, welcher von der Kraft des agens, hier des Menschen ausgeht, sich auf das Produkt erstreckt und in diesem letzteren beendet wird, d. h. also, die actio selbst. Die Kraft ist nicht der Mensch als solcher, wie es auch nicht zum Wesen des Menschen gehört, thätig zu sein, da er ja sonst nicht unthätig sein könnte; die Kraft mufs also etwas von dem Wesen des Menschen Verschiedenes sein, dabei aber sein Eigentum, weil er sonst nicht frei thätig sein könnte. Wenn wir daher sagen: der Mensch schreibt, malt u. s. w., so fassen wir zweierlei zusammen, die Substanz des Menschen und die Kraft in ihm, durch welche er thätig ist. Da nun allerdings die Kraft als solche kein selbständiges Sein hat, so können wir sie überhaupt von diesem Gesichtspunkte aus als stets in engster Verbindung mit der Substanz stehend betrachten, von der sie ihr accidentelles Sein erhält. Dann bezeichnet also „Kraft" nicht das, was wir eigentlich darunter zu verstehen haben, nämlich die Fähigkeit zum Thätigsein, sondern diese Fähigkeit zusammen mit der Substanz, an welcher sie existiert.

Diese Bedeutung von Kraft liegt dem Ausdruck vis bei Thomas inne. Durch vis wird also noch nicht die Kraft als solche von dem Dinge, an welchem oder in welchem sie existiert, getrennt. So spricht also Thomas von der vis imaginativa, cognitiva und affectiva.

Durch diese allgemeine Bezeichnung der Kraft als vis wird daher auch kein Unterschied unter den einzelnen vires zugelassen, weil man mehr das Suppositum im Auge hat als sein Accidens, dieses letztere mithin nicht näher zu definieren beabsichtigt. So können also die Fähigkeiten, potentiae, der menschlichen Seele, wenn man sie nur im allgemeinen bezeichnen will, in genügender Weise vires genannt werden, denn: vis accipitur pro omni eo, quod est principium operationis perfectae, quod importat nomen virtutis: unde potentiae animae magis possunt dici vires, quam virtutes, et illae praecipue, quae habent ordinem ad actus, qui exercentur per corporalia instrumenta.[1]

β) Potentia.

Das, was wir im eigentlichen Sinne Kraft nennen müssen, d. h. das Accidens, durch dessen Besitz eine Substanz allein im stande ist, thätig zu sein, neunt Thomas potentia.

1. Der Ausdruck potentia ist ursprünglich von dem Begriffe non posse pati hergenommen: nomen potentiae primo impositum fuit ad significandum potestatem hominis, prout dicimus aliquos homines esse potentes, ut Avicenna dicit . . . ., et deinde etiam translatum fuit ad res naturales. Videtur autem in hominibus esse potens, qui potest facere quod vult de aliis sine impedimento; et secundum quod impediri potest, sic minuitur potentia eius. Impeditur autem potentia alicuius vel naturalis agentis vel etiam voluntarii, in quantum potest pati ab aliquo. Unde de ratione potentiae, quantum ad primam impositionem sui, est non posse pati. Unde etiam illud, quod non potest pati, etsi nihil possit agere, dicimus potens; sicut dicitur durum quod habet potentiam ut non secetur.[2]

Dieser Ausdruck potentia wird nun im allgemeinen in zwei ganz verschiedenen Bedeutungen[3] gebraucht, einmal als rein logischer Begriff; eine solche logische potentia ist nichts anderes, als die blofse Denkmöglichkeit, Widerspruchslosigkeit, die non repugnantia terminorum. Von dieser Bedeutung haben wir hier natürlich nicht zu sprechen.

---
[1] Vgl. 3. Sent. dist. 23. qu. 1. art. 3. quaest. 1. ad 3.
[2] 1. Sent. dist. 42. qu. 1. art. 1.
[3] Vgl. 1. Sent. dist. 7. qu. 1. art 1. — Quaest disp. de Pot. qu. 2. art. 1.

In einer zweiten Bedeutung wird aber potentia gebraucht, wenn wir damit das Princip einer operatio bezeichnen wollen, und diese Bedeutung bedarf einer kurzen Erläuterung. An der oben schon erwähnten Stelle 1. Sent. dist. 42. qu. 1. art. 1. sagt Thomas in der Erwiderung auf den zweiten Einwand: potentia importat, ut dictum est . . . rationem principii actionis; unde quidquid sit illud, quod est principium agendi, potentia dicitur, sicut calor et frigus et huiusmodi.[1] Es wird hier also ganz allgemein alles dasjenige potentia genannt, was ein principium agendi ist, ohne die Art und Weise des Zusammenhanges zwischen diesem Princip und der darauf folgenden oder daraus hervorgehenden Thätigkeit näher zu erläutern. Genauer aber heifst es an einer anderen Stelle:[2] illud proprie dicitur potentia in quocunque agente, quo agit. Hieraus ersehen wir also schon, dafs potentia in einem agens vorhanden ist, dafs sie ferner das Mittel ist, durch welches das agens thätig ist. Thomas drückt diesen Gedanken noch klarer aus: potentia non significat ipsam relationem principii, alioquin esset in genere relationis, sed significat id, quod est principium; non quidem sicut agens — d. h. das principium quod agit — dicitur principium, sed sicut id quo agens agit, dicitur principium.[3] Allein auch dieses mufste noch näher erklärt werden, da potentia nach dieser Begriffsdarstellung auch die Wesenheit des agens sein konnte. Daher heifst es endlich: in hoc consistit ratio potentiae, ut sit proximum principium operis et non primum.[4] Das Wesentliche der Potenz besteht also darin, dafs sie das proximum principium operationis ist. Dasselbe hatten wir aber früher als das Wesentliche der Kraft erkannt; somit müssen wir potentia als die eigentliche Bezeichnung der Kraft hinstellen.

---

[1] Vgl. auch 1. Sent. dist. 42. qu. 1. art. 2. — Quaest. disp. de Pot. qu. 2. art. 1. ad 6. — Quaest. disp. de anima art. 12.

[2] S. theol. 1. qu. 41. art. 5.

[3] Ebd. ad 1. — Vgl. 1. Sent. dist. 7. qu. 1. art. 2. — Quaest. disp. de Pot. qu. 1. art. 1. ad 3. und qu. 2. art. 2.

[4] 1. Sent. dist. 45. qu. 1. art. 3. ad 2. — Vgl. Caietanus, Commentar. in S. theol. 1. qu. 41. art. 5. Venetiis 1588. I. Pars. fol. 146. col. 2. E.

2. Aus der vorhin angeführten Stelle 1. Sent. dist. 42. qu. 1. art. 1. ist nun zu ersehen, dafs der Name Potenz zunächst angewendet worden ist, um die **aktive** Potenz zu bezeichnen, dann aber auch zur Bezeichnung der **passiven** Potenz. Dasselbe sagt Thomas in Quaest. disp. de Pot. qu. 1. art. 1.: ... unde et similiter duplex est potentia; una activa, cui respondet actus, qui est operatio; et huic primo nomen potentiae videtur fuisse attributum: alia est potentia passiva, cui respondet actus primus, qui est forma, ad quam similiter videtur secundario nomen potentiae devolutum. Nur von der **aktiven** Potenz ist hier die Rede.

Diese aktive Potenz ist nun dasjenige, was wir Kraft nennen müssen. Denn sie ist das principium operationis,[1] aber nicht als letzte Wurzel derselben, sondern als unmittelbares principium **quo**, angetrieben und geleitet zum Thätigsein durch das principium **quo radicale**, durch die Wesenheit oder Natur eines Dinges: Potentia autem activa cuiuslibet rei sequitur formam ipsius, quae est principium agendi (nämlich principium **radicale** agendi). Forma autem vel est ipsa natura rei, sicut in simplicibus (z. B. bei den Engeln); vel est constituens ipsam rei naturam, sicut in his, quae sunt composita ex materia et forma. Unde manifestum est, quod potentia activa cuiuslibet rei consequitur naturam ipsius.[2] Von ihr gilt daher der Satz: Potentia dicitur esse principium actionis.[3] Sie ist also der innere Sachgrund für jede Art von geschöpflicher Thätigkeit.

Als solcher muſs sie in einem ganz bestimmten Verhältnis sowohl zur Substanz stehen, in deren Besitz sie sich befindet, wie auch zu dem Produkt der Thätigkeit. Das erstgenannte

---

[1] Quaest. disp. de pot. qu. 2. art. 2.: Omnis potentia activa est principium operationis, non autem semper respectu alicuius producti, quia primum convenit ei per se, secundum vero accidit ei. — Vgl. S theol. 2. 2. qu. 129. art. 2.: Quaelibet potentia activa quantumcumque imperfecta potest in aliquam operationem.

[2] S. theol. 3. qu. 13. art. 1. — Vgl. ebd. ad 2.: potentia activa consequitur ipsam naturam rei, eo quod actio consideratur ut egrediens ab agente.

[3] 1. Sent. dist. 42. qu. 1. art. 1. — Quaest. disp. de pot. qu. 2. art. 1. ad 6.

Verhältnis wird durch die Bezeichnung als Accidens umgrenzt. Als Accidens hat die potentia zwar ein eigenes, aber kein selbständiges Sein, sondern nur ein gleichsam geliehenes Sein durch Anteilnahme an dem Sein der betreffenden Substanz. Der Grund hierfür ist schon früher angegeben worden.

3. Welcher Gattung der Accidentien gehört aber die Potenz an? Schon früher war gesagt worden, dafs die Kraft der Substanz eine neue Vervollkommnung verschafft und zwar in der Weise, dafs sie zu der Wesenheit, Natur jener Substanz hinzutritt. Sie verändert, modifiziert also die Substanz in ihrem Innersten nach dem Mafse, welches der Natur des Subjektes zukommt.[1] Damit ist die Potenz, Kraft als eine Art der Qualität bestimmt, denn Qualität ist dasjenige Accidens, welches die Substanz innerlich disponiert, ihren Teilen Ordnung verleiht: qualitas vero (scil. dicitur) dispositio substantiae.[2] Der Zweck oder die Aufgabe der Qualität besteht also darin, durch ihr Vorhandensein an der Substanz in dieser selbst eine Ordnung zu schaffen, d. h. die Bestandteile der Substanz zu ordnen. Diese wesentliche Beschaffenheit der Qualität erklärt Thomas weiter, indem er sagt, dafs die Qualität einen modus der Substanz bezeichne: Propria enim qualitas importat quemdam modum substantiae; modus autem est, ut dicit Augustinus 4. super Genes. ad litt. (cap. 3. in med.), quem mensura praefigit; unde importat quamdam determinationem secundum aliquam mensuram.[3] „Modus" ist also dasjenige, was von einem Mafse vorausgeprägt, praefigiert ist, er besagt daher eine gewisse Determination, die sich nach einem Mafsstabe richtet. Modus ist mithin keine neue Substanz, sondern nur ein der modifizierten Substanz selbst inhaerierendes Ding, ein ens modificans. Dieses ens ist von der Substanz real verschieden; die Substanz dagegen besitzt die Anlage, modifiziert zu werden, und die Qualität modifiziert die Substanz, indem sie eben der Anlage, die in jener liegt, einen modus, eine abgemessene Bestimmtheit verleiht, so dafs darauf die Substanz in sich selbst disponiert, in Bezug auf ihre Teile in einen

---

[1] Vgl. Commer, System der Philosophie, I. Münster 1883. S. 150.
[2] S. theol. 1. qu. 28. art. 2.
[3] S. theol. 1. 2. qu. 49. art. 2.

geordneten Zustand versetzt ist. Das leistet weder die Quantität, welche die Substanz nur ausdehnt, noch die Relation, welche sie auf eine fremde Substanz hinordnet, noch die anderen Accidentien mit Ausnahme jenes Accidens, welches wir Qualität nennen.

Aus der verschiedenen Art und Weise, wie die Qualität die Anordnung in der Substanz zu stande bringt, ergeben sich die verschiedenen Arten der Qualität.[1] Der modus als Mafsbestimmung und Disposition für die Natur der Substanz mit Rücksicht auf ihr Thätigsein und ihr passives Verhalten bildet diejenige Art von Qualität, welche wir aktive und passive Kräfte nennen.[2]

4. Das Verhältnis, in welchem das accidentelle Sein der Kraft zu dem Sein der Substanz steht, ist aber ein ganz eigentümliches. Wenn nämlich eine Substanz überhaupt eine Kraft in sich aufnehmen soll, so mufs ihr eigenes substantiales Sein so beschaffen sein, dafs es im stande ist, auch dem Accidens als Sein, als Substrat zu dienen. Denn die Kraft kann keine Thätigkeit hervorbringen, ohne zunächst ein Sein erhalten zu haben. Sie kann demnach auch nicht selbständig das Sein der Substanz, der sie angehört, etwa so veränderu, dafs es fähig wird, das Accidens Kraft aufzunehmen. Demnach mufs das Sein der Substanz, welche eine Kraft aufnehmen soll, schon von Natur aus zu dieser Aufnahme fähig sein, d. h. dasjenige Princip, welches der Substanz ihr Sein gibt, mufs dieses substantielle Sein so bilden, dafs es eine Kraft besitzen kann. Dadurch wird die Abhängigkeit, in welcher das Sein der Kraft zum Sein der Substanz steht, nicht zu einer erzwungenen, sondern zu einer rein natürlichen: die Substanz ist wegen ihrer natürlichen Anlage die Herrin der Kraft. Dadurch wird also auch die Kraft zu etwas Natürlichem und gehört als solches zu derjenigen Art des naturale: quod est causatum ex principiis essentialibus et quod habetur a nativitate.[3] Thomas lehrt daher: Subiectum

---

[1] Vgl. S. theol. 1. 2. qu. 49. art. 2. — 4. Sent. dist. 4. qu. 1. art. 1.
[2] Vgl. Jo. Sanchiez Sedegno, Quaestiones ad universam Aristotelis Logicam. Moguntiae 1616. Tom. II. qu. 55. p. 709; qu. 57. p. 713.
[3] Vgl. Naturale No. 3. S. 64.

(d. h. die Substanz) est causa proprii accidentis et finalis et quodammodo activa et etiam materialis, inquantum est susceptiva illius.[1] Er bezeichnet hier also die Substanz direkt als Ursache der Kraft und zwar ohne Einschränkung als Final- und Materialursache, mit der Einschränkung quodammodo als causa efficiens. Diese causative Hinordnung der Substanz zur Kraft bedarf aber ebenfalls der näheren Erklärung und Begründung.

Dafs es einen realen Unterschied zwischen Substanz und Accidens gibt, lehrt die Erfahrung. Gott hat die Welt so eingerichtet, dafs sie aus einer Reihe von Dingen besteht, welche untereinander verschieden sind. Aus dieser Verschiedenheit entspringt erst das bonum universi, die Harmonie der Welt. Der Begriff der Verschiedenheit besagt nun für die einzelnen verschiedenen Dinge zugleich einen Mangel, eine Unvollkommenheit. So sind daher auch die endlichen Substanzen in sich begrenzt und nicht absolut vollkommen. Durch Verbindung mit einem von dem ihrigen verschiedenen Sein — und das kann nur das Sein der untereinander selbst wieder verschiedenen neun Accidentien sein — können sie aber eine gröfsere Vollkommenheit erhalten, obgleich dieses Sein der Accidentien im Vergleich zu dem der Substanz ein viel schwächeres ist. Die neun Accidentien sind mithin nicht um ihrer selbst willen in der Welt, sondern wegen der Substanz, sie sollen die Unvollkommenheit der Substanz ergänzen. Jede Art von Substanz bedarf daher zu diesem Zweck ganz bestimmter Accidentien, durch welche sie gemäfs dem Willen des Schöpfers ihre eigene Wesensvervollkommnung erreichen kann. So z. B. erfordert die körperliche Substanz, weil sie in sich Materie enthält, Teile: sie erhält solche durch das Ausgedehntsein, d. i. durch die Quantität. Das Accidens, welches wir Quantität nennen, vervollkommnet mithin die Körpersubstanz nach der Seite des Ausgedehntseins hin, es gibt ihr den ordo partium. Das Accidens Qualität gibt der Körpersubstanz, wie vorhin gezeigt, die Modifikation oder Determination, die ganz bestimmte Beschaffenheit u. s. w. So hat

[1] S. theol. 1. qu. 7. art. 6.

jedes Accidens also den Zweck, diejenige Substanz, für welche es bestimmt ist, zu vervollkommnen, d. h. die noch nicht vollkommene Substanz ist die causa finalis des Accidens.[1]

5. Bezeichnet Thomas ohne Einschränkung die Substanz als Finalursache des Accidens, so kann er dieselbe Substanz doch nur eine quodammodo causa efficiens für das Accidens nennen. Eine wahre causa efficiens des Accidens kann nämlich offenbar die Substanz nicht sein: sie wäre sonst im stande, ein neues Sein hervorzubringen, bevor sie dazu die Fähigkeit hätte. Denn erst der Besitz des Accidens Kraft befähigt die Substanz zu dieser Thätigkeit. Trotzdem ist jedoch die Substanz gewissermafsen die causa efficiens des Accidens. Durch die causa efficiens wird nämlich ein neues Ding hervorgebracht, dessen Sein von dem der hervorbringenden Substanz verschieden ist. Das Verhältnis, in welchem dieses Sein des neuen Dinges zur causa efficiens steht, ist das der Seinsabhängigkeit. Wäre nun eine Substanz die wahre causa efficiens eines neuen Dinges, so würde das heifsen, dafs die Substanz durch ihre eigene Thätigkeit dieses abhängige Sein des neuen Dinges hervorgebracht hätte. Lassen wir aber in dieser Erklärung des Begriffes der causa efficiens die Worte „durch ihre eigene Thätigkeit" aus, so haben wir das Verhältnis bezeichnet, in welchem die Substanz zu ihrem Accidens steht. Auch dieses Accidens ist nämlich, wie früher gezeigt, in seinem Sein von der Substanz abhängig, und zwar war diese Abhängigkeit als eine ganz und gar natürliche bezeichnet worden, d. h. von Natur aus ist das Sein des Accidens abhängig von der Substanz.

Dafs dieses thatsächlich der Fall ist, lehrt die Erfahrung: warum diese Abhängigkeit gerade so eingerichtet worden ist, das liegt in dem Willen des Schöpfers; dafs aber endlich diese Einrichtung nichts Unnatürliches, Widerspruchsvolles ist, darüber belehrt uns Thomas S. theol. 1. qu. 15. art. 3. ad 4. Wie nämlich der vollkommene Künstler, wenn er sein Werk ausdenkt, dieses nicht halb oder nur im Rohen ausdenkt, sondern in ein und derselben Idee alles, was zur Vollständigkeit seines zukünftigen Kunstwerkes gehört, mit einbegreift, ebenso verbindet

---

[1] Vgl. Phys. 1. 3. lect. 5.

auch Gott in der Idee — dem Urbild des Geschaffenen — alle Vollkommenheiten, welche zur Integrität derjenigen Einzelwesen gehören, die er schaffen will. Vollkommen ist aber ein Ding erst dann, wenn es nicht nur seine Wesenheit, sondern auch seine Eigenschaften besitzt. Mithin haben letztere einen bestimmten inneren Zusammenhang mit der Wesenheit des geschaffenen Dinges, der naturgemäfs auch bei der Ausführung des göttlichen Schöpfungsplanes gewahrt wird: d. h. auch in ihrem natürlichen Werden und Sein hängen Substanz und Accidens innerlich miteinander zusammen. Wenn Gott also etwas hervorbringen, schaffen will, so erstreckt sich seine Schöpferthätigkeit zunächst auf die Hervorbringung der Substanz als den primären Terminus, hört aber damit nicht auf, weil damit noch nicht das vollendete Kunstwerk zu stande gekommen wäre, sondern macht die Substanz auch vollkommen, indem er die für ihre Vollkommenheit notwendigen Accidentien hinzufügt. Da diese letzteren aber in ihrem accidentellen Sein von der sie besitzenden Substanz abhängig sind, so überträgt letztere die ursächliche Thätigkeit des göttlichen Künstlers auf die ihr selbst inhaerierenden Accidentien. Letztere entstehen also ihrem ganzen Sein nach in Abhängigkeit von der Substanz, und weil diese der thatsächliche Grund für das abhängige Sein der Accidentien ist, kann sie auch in dieser Hinsicht, also quodammodo, die causa efficiens für das Accidens sein.

6. Endlich ist auch die Substanz die causa materialis für ihre Accidentien. Die ganze Ursächlichkeit der Materialursache besteht nur im Aufnehmen einer bestimmten Form und zwar jener Form, welche der wesentlichen Beschaffenheit des aufnehmenden Dinges proportional ist. Materialursache ist nun etwas, woraus etwas anderes entsteht, d. h. ein Ding, welches eine bestimmte Form zunächst in sich aufnimmt und dann auch in sich konserviert. Aus dem Material und der Form entsteht die res composita, aus der Substanz also und dem Accidens das reale Ding als eine aus beiden real unterschiedenen Bestandteilen zusammengesetzte reale Einheit. Erst diese Einheit ist aber nach dem Plane Gottes so vollständig, dafs sie in dem Zusammenwirken der Weltdinge ihre bestimmte Stelle einnehmen

kann. Mithin mufs diese Einheit der Substanz und ihrer Accidentien auch von Gott herbeigeführt werden. Die Materialursache verhält sich nun zur Formalursache wie die Potenz zu dem ihr entsprechenden Akt, wie die Anlage zu ihrer Verwirklichung. In demselben Verhältnis befindet sich aber auch die Substanz zu ihren Accidentien. Denn sie bedarf der letzteren sowohl zur eigenen Vervollkommnung, als auch ist sie fähig, durch sie vervollkommnet zu werden. Mithin ist die Substanz auch die wahre causa materialis für ihre eigenen Accidentien.

7. Das Verhältnis der Kraft (potentia) zum Produkte der von ihr selbst ausgegangenen Thätigkeit wird dagegen näher durch ihre Bezeichnung als principium operationis oder actionis bestimmt. Als solches ist aber die Kraft der innere Sachgrund für jede Art von Thätigkeit und zwar der nächste Grund: principium proximum et immediatum quo agens agit. Weiteres über dieses Verhältnis der Kraft zum Produkte ihrer Thätigkeit wird sachgemäfs bei Besprechung des Wirkens der Naturkräfte gegeben werden.

γ) Virtus.

Der Sprachgebrauch für die Bezeichnung der Kraft als virtus ist nicht konstant, wie Thomas selbst angibt: virtus (sumitur) communiter pro omni eo, quod potest esse principium alicuius operationis vel motus.[1] In diesem Falle würde also virtus dem oben entwickelten Begriff der vis entsprechen.

1. Meist jedoch bezeichnet Thomas durch virtus dasjenige, was er unter potentia versteht, also die Kraft für sich betrachtet: virtus semper nominat principium actionis et praecipue virtus causae.[2]

Allein nicht jede potentia wird virtus genannt, sondern nur die potentia perfecta: vis accipitur pro omni eo, quod est principium operationis perfectae, quod importat nomen virtutis:

---

[1] 3. Sent. dist. 27. qu. 1. art. 1. ad 1. — S. theol. 1. 2. qu. 26. art. 2; ebd. qu. 46. art. 1. ad 1.
[2] 4. Sent. dist. 1. qu. 1. art. 4; ebd. qu. 2; ebd. dist. 46. qu. 1. art. 1. quaest. 2. — S. theol. 1. qu. 41. art. 5.: virtus = potentia = id quo agens agit.

unde potentiae animae magis possunt dici vires, quam virtutes, et illae praecipue, quae habent ordinem ad actus, qui exercentur per corporalia instrumenta.[1] Ferner sagt Thomas:[2] nomen virtutis secundum sui primam impositionem videtur in quamdam violentiam sonare . . . Sed quia non potest aliquid alteri violentiam inferre, nisi per potentiam perfectam, secundum quam agat et non patiatur, inde tractum est nomen virtutis ad significandum omnem potentiam perfectam, sive qua potest aliquid subsistere, sive qua potest operari: et sic dicitur in 1. Coel. et Mund. (text. 116.), quod virtus est ultimum potentiae: quia perfectio potentiae mensuratur ex ultimo et maximo, quod quis potest. Diese Vervollkommnung ist bei den rationalen menschlichen Potenzen eine habituelle, und deshalb ist die virtus humana (Tugend) ein habitus und keine bloße Potenz mehr. Die natürlichen Potenzen, welche zur Thätigkeit dienen, und die wir hier allein betrachten, sind dagegen schon von Natur aus determiniert und haben ihre Vollkommenheit auch aus ihrer Natur; deshalb sind sie von selbst virtutes.[3] Wie jede andere potentia, ist auch diese potentia perfecta, also die virtus das principium quo für die operatio. Jede operatio hängt nun offenbar mit Ausnahme der sogenannten immanenten operatio entweder von ihrem Princip, oder von ihrem Objekt, oder endlich von dem Modus ab, in welchem sie sich vollzieht. Da wir hier weder vom Objekt, noch von dem Modus der operatio sprechen, so haben wir nur das Verhältnis zu betrachten, welches zwischen dem Princip und seiner operatio besteht.

Mit virtus kann also eine Kraft bezeichnet werden, welche eine gewisse Stärke oder Gewalt hat und deshalb den Widerstand, der sich ihrem Wirken entgegenstellt, überwindet: virtus videtur sonare quamdam violentiam, quae est potentia perfecta. Ideo nomen eius trahitur ad significandum potentiam perfectam.[4] Sie drückt also besonders das aus, was eine aktive Potenz noch vollständiger macht: virtus ex impositione sui nominis significat

---

[1] 3. Sent. dist. 23. qu. 1. art. 3. quaest. 1. ad 3.
[2] Ebd. Solutio I.
[3] Ebd. ad 3.
[4] 3. Sent. dist. 23. qu. 1. art. 3. quaest. 1.

complementum potentiae activae.[1] Diese Vervollständigung der Potenz besteht darin, dafs sie ihre letzte Vollendung erlangt, als Potenz ihre höchste Vollkommenheit bekommt. Die Vollkommenheit eines jeden Dinges ist jedoch vorzüglich in dem Verhältnis zu seinem Zwecke zu finden. Der Zweck der Potenz ist aber ihr Akt, ihre Ausübung, ihr Thätigsein. Daher ist die Potenz dann vollkommen, wenn sie zu ihrem Akt determiniert ist, d. h. wenn sie so beschaffen ist, dafs sie gar nicht anders kann, als ihren Akt auszuüben, falls sie dazu in Thätigkeit versetzt wird. Weil nun die Naturkräfte überhaupt aus ihrer ganzen wesentlichen Beschaffenheit heraus zur Ausübung, zu ihrem Akte notwendig bestimmt sind, so müssen sie selbst virtutes genannt werden: Virtus nominat quamdam potentiae perfectionem. Uniuscuiusque autem perfectio praecipue consideratur in ordine ad finem; finis autem potentiae actus est, unde potentia dicitur esse perfecta, secundum quod determinatur ad suum actum. Sunt autem quaedam potentiae, quae secundum seipsas sunt determinatae ad suos actus, sicut potentiae naturales activae; et ideo huiusmodi potentiae naturales secundum seipsas dicuntur virtutes.[2]

So kann auch diejenige Kraft virtus genannt werden, welche grade das leistet, was für sie das Höchste, Gröfste ist; wenn man sie nämlich nach demjenigen taxiert, was ihr Objekt ist, d. h. nach ihrer Leistungsfähigkeit, so ist sie dann am vollkommensten in Bezug auf ihr Verhältnis zum Objekt, wenn sie das Ganze desselben wirkt, d. h. wenn sie ihre ganze und höchste Leistungsfähigkeit ausnützt: unde, quando dicitur, quod virtus est „ultimum potentiae" (Aristot. de coelo lib. 1. text. 116.), sumitur virtus pro obiecto virtutis. Id enim, in quod ultimo potentia potest, est id, ad quod dicitur virtus rei; sicut si aliquis potest ferre centum libras et non plus, virtus eius consideratur secundum centum libras, non autem secundum sexaginta.[3]

2. Somit ist virtus eine Bezeichnung der Naturkräfte, potentiae naturales, insofern diese aus sich schon zur Hervorbringung

---

[1] Quaest. disp. de verit. qu. 14. art. 3; ebd. de virtut. qu. 1. art. 1. — Quodlib. 4, 2.
[2] S. theol. 1. 2. qu. 55. art. 1.   [3] Ebd.

ihrer bestimmten Thätigkeit determiniert und damit komplet sind. So vermittelt die virtus als Princip der actio auf seiten der causa efficiens[1] zwischen der essentia rei (nämlich der causa) und ihrer operatio:[2] die res ist nämlich das Princip, welches die operatio ausübt und zwar vermittelst ihrer virtus.

Wie jede Kraft, so entspringt, fliefst gleichsam auch die virtus aus der Wesenheit der Sache, deren Kraft sie ist: omnis virtus fluit ab essentia rei vel essentiam praesupponit.[3] Das ist klar, wenn wir uns das Verhältnis von Wesenheit und Kraft, wie es früher definiert worden ist, vor Augen halten: die Wesenheit bleibt auch für jene Thätigkeit, welche aus dem Vorhandensein einer potentia perfecta = virtus hervorgeht, stets das principium quo radicale, die virtus dagegen das principium quo proximum et immediatum.

Im eigentlichen Sinne wird also virtus gebraucht, um das principium proximum quo agens agit zu bezeichnen. Allein im übertragenen, analogen Sinne kann virtus auch zur Bezeichnung des principium primum quo agens agit verwendet werden und steht dann für die Wesensform selbst; so an der Stelle: 3. Sent. dist. 1. qu. 1. art. 1. ad 5.

3. Aufser den bisher genannten und erklärten Ausdrücken, vis, potentia und virtus finden wir bei Thomas noch zwei andere Bezeichnungen der Naturkräfte: potestas und facultas. Von diesen dient die erstere, potestas, zur Bezeichnung derjenigen aktiven Potenz, welche einen Vorrang vor anderen Kräften hat. Da aber Thomas diesen Ausdruck nur für die hervorragende Kraft innerhalb der moralischen Weltordnung[4] gebraucht, so erledigt es sich, dafs wir hier näher auf sie eingehen.

Auch die andere Bezeichnung facultas ist ohne wesentliche Bedeutung, da sie sich auf den eben abgewiesenen Begriff der

---

[1] 4. Sent. dist. 1. qu. 1. art. 4. quaest. 2.: virtus dicitur secundum quod est principium actionis et tenet se ex parte causae efficientis.
[2] 1. Sent. dist. 14. in expos. text.: virtus dicitur .... ut media inter essentiam et operationem.
[3] Quaest. disp. de pot. qu. 6. art. 4. ad 4.
[4] 4. Sent. dist. 24. qu. 1. art. 1. quaest. 2. ad 3.

potestas stützt. Vgl. S. theol. 1. qu. 83. art. 2. ad 2.: facultas nominat quandoque potestatem expeditam ad operandum.[1]

c) Das Wirken der Naturdinge.

α) Das natürliche Wirken der Naturdinge.

1. Unter Voraussetzung des Kausalitätsgesetzes ist das ursächliche Wirken der Naturdinge eine Thatsache, welche zunächst induktiv aus der Erfahrung geschlossen wird. Thomas gibt jedoch auch spekulative Gründe zur Begründung dieser Wahrheit an. Sie folgt nämlich schon aus dem Zweck, welchen jede Substanz, jedes Ding haben muſs: Omnis substantia est propter suam operationem.[2] Dieser Satz wird noch tiefer dadurch begründet, daſs alle Dinge auch in der Kausalität Gott ähnlich sein müssen, weil sie nach dem Begriff des Geschaffenseins schon naturgemäſs eine Ähnlichkeit mit ihm erstreben: Tendit enim in divinam similitudinem res creata per suam operationem. Per suam autem operationem una res fit causa alterius. Ergo in hoc etiam res intendunt divinam similitudinem, ut sint aliis causae.[3]

Im allgemeinen also müssen wir auch von den Naturdingen sagen, daſs sie als Ursachen wirken.

Der Begriff der Ursache ist nun enger als derjenige des Princips. Letzterer drückt nur das aus, wovon etwas hervorgeht, aber nichts weiter. Der Begriff der Ursache dagegen fügt zum Begriffe des Princips noch mehrere Momente hinzu. Causa besagt nämlich, wie schon früher gesagt wurde, 1) die **Abhängigkeit** des principiatum vom Princip. Denn causa ist dasjenige Princip, auf dessen Sein etwas anderes folgt, und zwar so, daſs das Princip einen Einfluſs auf das Verursachte ausübt. Diese Abhängigkeit ist 2) mit einer **Priorität** des kausalen Princips verbunden. Denn die Ursache muſs dem Effekt wenigstens der Natur nach vorausgehen. 3) Diese Abhängigkeit ist endlich auch mit einer **wesentlichen Unterscheidung** der causa von dem causatum verknüpft. Denn kein Ding verursacht

---

[1] Vgl. auch: 2. Sent. dist. 24. qu. 1. art. 1. ad 2. — De virtut. qu. 14. art. 6. ad 1.
[2] S. ctr. Gent. l. 1. cap. 45.
[3] S. ctr. Gent. l. 3. cap. 21.

sich selbst. Daher mufs zwischen causa und causatum eine reale und wesentliche Unterscheidung stattfinden.

Der Unterschied unter den bekannten vier aristotelischen Ursachen ist kurz dieser:[1]

1) Ist Materie im allgemeinen dasjenige, aus welchem zusammen mit der Form ein zusammengesetztes Ding wird, gemacht wird, so ist die causa materialis diejenige Ursache, welche eine Form aufnimmt und aufbewahrt. Diese Art der Ursächlichkeit entspricht dem Begriff der Materie als einer passiven Potenz.

2) Causa formalis ist diejenige Ursache, welche dem aus Materie und Form zusammengesetzten Dinge das Sein innerlich und durch sich selbst verleiht. Sie macht, dafs das Ding, welches vorher als derartiges Ding nur in der Potenz vorhanden war, jetzt als solches wirklich, thatsächlich existiert. Das geschieht dadurch, dafs diese causa formalis dem Dinge ein eigentümliches specifisches Sein verleiht. Sie verleiht ihm aber dieses Sein schon durch sich selbst und nicht erst durch eine Thätigkeit.

3) Die bewirkende Ursache, causa efficiens, ist diejenige Ursache, welche durch ihre actio den Effekt verursacht. Diese Definition kommt auschliefslich der causa efficiens zu: denn die Materie ist durch sich selbst Ursache, insofern sie in sich die Form aufnimmt; die Form ist ebenfalls durch sich selbst Ursache, insofern sie durch ihr Vorhandensein macht, dafs das Ding in actu ist; der Zweck endlich, die letzte, noch nicht erwähnte Ursache, übt nur in übertragenem Sinne eine Thätigkeit aus.

4) Die causa finalis ist diejenige Ursache, welche das agens, z. B. den thätigen Menschen, im übertragenen Sinne bewegt oder anreizt: id cuius gratia aliquid fit. Ihre ursächliche Wirksamkeit liegt darin, dafs aus Liebe oder aus Verlangen zu ihr, oder aus Lust an ihr etwas von einem anderen gethan, effektiv bewirkt wird.

2. Hier haben wir es nur mit der causa efficiens zu thun. Ihre ursächliche Wirksamkeit heifst efficere, d. h. ein Ding zu

---

[1] Vgl. Chrysostomus Javellus, Quaest. super 5. librum Metaphysicae. Qu. 2.—5. (Totius Rationalis, Naturalis, Divinae ac Moralia Philosophiae Compendium. Lugduni 1568. Tom. I. 744. sqq.)

produzieren: agere. Letzteres, das agere, soll besagen, daſs ein Subjekt eine Thätigkeit, actio, hat; ersteres, das efficere, daſs eine Ursache in Bezug auf ein Ding Wirksamkeit hat oder ausübt. Actio selbst bezeichnet dagegen die Form, in welcher das agere besteht, d. h. das eigenartige Sein, welches wir z. B. an uns dadurch haben, daſs wir wirken oder thätig sind. So sagt Thomas: Actio est forma secundum quam in id, quod subiicitur, agere dicimur,[1] d. h. wenn wir eine Wirkung hervorbringen, so werden wir wirkend genannt, und das, was uns als Menschen wirkend macht, das ist eine neue, von unserem Menschsein verschiedene und ganz eigenartige Seinsvollkommenheit, eine reale Eigenschaft oder Form, welche von uns selbst, d. h. von einer Kraft ausgeht, die wir besitzen. Diese actio ist daher im metaphysischen Sinne etwas, was vom agens ausgeht und zwar von ihm aus gleichsam in den Effekt hinausfliefst; sie soll nur dasjenige reale zur Substanz der causa agens hinzukommende Etwas ausdrücken, vermittelst dessen der Effekt vom agens verursacht wird. Das agens selbst ist die Substanz, welche als bewirkende Ursache vermöge ihrer Kraft wirkt. Ihre Kraft ist als solche nur eine potentia, ein Vermögen; aber als ein bloſses Vermögen oder Können ist jede Kraft als solche nur im Zustande der Möglichkeit im Vergleich zum wirklichen Thun; mehr besagt der Begriff der Kraft also nicht. Die letzte Verwirklichung oder Vervollkommnung der Kraft aber, nämlich das Wirklichwerden des bloſsen Vermögens oder Könnens, ist die actio, die Aktualisierung der Kraft und somit die Seinsform, welche vom agens ausgeht und zum Effekt hin tendiert, d. h. zum materialen Substrat, auf welches die Wirksamkeit des agens sich erstreckt und welches jenen Einfluſs in sich aufnimmt. Daher beschreibt sie Thomas: actio est actus ab agente in aliud.[2] Ferner: actio est effluxus in actum ab agente.[3] Damit bezeichnet er nur id quod est actualitas virtutis.[4] Als eine eigenartige Seinsform ist die actio also id per quod est agens in actu. Dadurch wird die

---

[1] Opusc. 48. tract. de actione.
[2] Phys. 3. lect. 3.
[3] S. theol. 1. qu. 54. art. 2.
[4] Ebd. art. 1.

Beschreibung von agere erst verständlich: agere heifst eben nur, dafs ein agens eine solche Form besitzt, welche wir actio nennen, und diese Form selbst ist die zur Verwirklichung gebrachte Produktivkraft, wie sie vom agens ausgeht: agere nihil aliud est, quam communicare id per quod agens est in actu.[1] Das principium quod agit — und das ist eben das Ding, die Substanz, welche wir causa efficiens nennen — hat in seinem principium proximum quo agit, nämlich in dem Vermögen, jetzt das Wirken erhalten, welches vorher im Vermögen noch schlummerte.

Da die actio mithin als die Verwirklichung des Vermögens oder der Kraft dieser letzteren auch wesentlich entsprechen mufs, und, da die Kraft selbst nur ein von der Substanz unterschiedenes Accidens ist, so mufs auch die actio selbst ein Accidens sein und zwar ein eigenartiges, eine besondere Kategorie, die wir uns am leichtesten durch die Vergleichung mit der anderen entsprechenden Kategorie, der passio, verdeutlichen können. Denn pati im Gegensatz zu agere, und passio im Gegensatz zu actio bezeichnet das Aufnehmen des vom agens ausgehenden Einflusses in dem Effekt. Die actio ist also diejenige Seinsform, welche dem agens verleiht, dafs es agiert oder wirkt; sie ist ferner diejenige accidentale Form, mit welcher das agens wirklich auf den Effekt einen Einflufs ausübt, indem es eben dadurch dem Effekt dasjenige Sein gibt, welches er als Effekt besitzt.[2]

3. Bei den geschöpflichen Dingen, die wir hier allein betrachten, ist die actio als Ausflufs — bildlich gesprochen — etwas, was in der Mitte zwischen agens und Effekt steht, die ratio producendi, der Sachgrund für die Entstehung des Effektes.[3] Zur Kategorie der actio gehört aber nur die actio transiens, die im eigentlichen Sinne actio genannt wird[4] und stets mit einer Veränderung, mit einem motus verbunden ist: licet in operationibus, quae transeunt in exteriorem effectum, obiectum

---

[1] Quaest. disp. de pot. qu. 2. art. 1.
[2] Vgl. S. theol. 1. qu. 25. art. 1. — Quodlib. 4. art. 9. — Opusc. 15. cap. 9.
[3] Vgl. S. ctr. Gent. L 2. cap. 35. — 2. Sent. dist. 1. qu. 1. art. 5. ad 11. — S. theol. 1. qu. 25. art. 1. ad 3.
[4] Vgl. Quaest. disp. de verit. qu. 8. art. 6.

operationis, quod significatur ut terminus — d. h. worauf sich die Thätigkeit erstreckt —, sit aliquid extra operantem, tamen in operationibus, quae sunt in operante — bei den immanenten Thätigkeiten —, obiectum, quod significatur ut terminus operationis, est in ipso operante; et secundum quod est in eo, sic est operatio in actu.[1]

Bezüglich des Verhältnisses, in welchem die actio zur passio und zum motus steht, lehrt Thomas: cum actio sit in agente et passio in patiente, non potest idem numero esse accidens, quod est actio et passio, cum unum accidens non possit esse in diversis subiectis.[2] Actio und passio unterscheiden sich also ihrem Wesen nach real sowohl untereinander als auch vom motus. Denn motus, das Verändertwerden, ist der effectus agentis, die actio ist Ursache des motus, und die passio ist wiederum der Effekt des motus.[3] Aber materialiter und entitative sind sie nicht unterschieden, d. h. das Subjekt, an welchem motus, actio und passio ausgeübt werden, ist dasselbe. So sagt Thomas: Idem est actus moventis et moti; moventis enim dicitur, inquantum aliquid agit; moti autem, inquantum patitur: sed idem est, quod movendo causat et quod motum patiendo recipit: quare oportet esse unum actum utriusque, scilicet moventis et moti. Idem enim est, quod est a movente ut causa agente, et quod est in motu ut in patiente et recipiente.[4] Unus motus secundum substantiam est actus utriusque, sed differt ratione. Est enim actus moventis ut a quo, mobilis autem ut in quo, et non actus mobilis ut a quo neque moventis ut in quo. Et ideo actus moventis dicitur actio, mobilis vero passio.[5]

Erklären wir dieses an einem Beispiel! Die Kugel trifft einen Menschen und verursacht eine Wunde in seinem Körper. Das Eindringen der Kugel in den Körper ist die actio, das Aufnehmen dieses Eindringens von seiten des Körpers ist die passio, das Anderswerden endlich, hier das Verwundetwerden, ist der

---
[1] S. theol. 1. qu. 14. art. 2.
[2] 2. Sent. dist. 40. art. 4. ad 1.
[3] S. theol. 1. 2. qu. 26. art. 2. — Vgl. ebd. qu. 46. art. 1.
[4] Phys. l. 3. lect. 4.
[5] Metaph. l. 11. lect. 9.

motus, welchem der Körper unterliegt. Also ist hier die actio, das Eindringen der Kugel, und die passio, das Aufnehmen derselben, in demselben Subjekte vorhanden, in welchem die Veränderung, der motus, d. h. der Übergang vom Nichtverwundetsein in das Verwundetsein des Körpers vor sich geht. Nehmen wir dagegen die actio nach ihrer Ursache, wie sie im agens ist, und die passio als die Form, welche durch den motus vom agens wirklich hervorgebracht ist, so sind actio und passio zwei voneinander real unterschiedene Accidentien.[1]

4. Nach Abschlufs dieser Untersuchung sind wir erst im stande, den Begriff der operatio zu verstehen. Im strengen und eigentlichen Sinne bezeichnet operatio die actio immanens: actio immanens proprie dicitur operatio;[2] operatio dicitur quilibet actus rei, etiam si non exterius transeat;[3] im weiteren Sinne aber — von dem wir im folgenden allein reden — jeden actus rei. Als letzterer ist jede operatio auch ein motus:[4] omnis operatio motus quidam dicitur.[5]

Ein dritter Ausdruck, facere, wird ebenfalls in mehrfacher Bedeutung gebraucht: im weitesten Sinne für jede operatio, daneben aber in einem engeren Sinne nur für die operatio ad extra, d. h. die actio transiens.[6] Andererseits kann facere ganz allgemein, wie auch die Ausdrücke diffundere, influere und ähnliche, das Verhalten jeder Ursache bezeichnen, aber auch, enger gefafst, nur die operatio causae efficientis: facere et fieri important habitudinem causae et effectus, sed mutationem ex consequenti.[7]

Die actio ist somit das Mittlere zwischen dem agens, von welchem sie ausgeht, und dem factum, auf welches sie sich erstreckt und das ihr als Grenze dient.[8] Die Kraft dagegen ist das Mittlere zwischen der operatio und der essentia operantis;

---
[1] Vgl. 2. Sent. dist. 40. a. a. O. — Arnu III. 561. ff.
[2] Quaest. disp. de verit. qu. 8. art. 6.
[3] 2. Sent. dist. 12. L.
[4] Vgl. oben S. 57 über motus.
[5] S. theol. 1. qu. 73. art. 2.
[6] S. theol. 2. 2. qu. 134. art. 2.
[7] S. theol. 1. qu. 45. art. 2. ad 2. — Vgl. Quaest. disp. de verit. qu. 21. art. 1. ad 4.
[8] Vgl. S. theol. 1. qu. 36. art. 3.

sie muſs daher ebenso wie die operatio der essentia, also der Natur des agens, proportioniert sein.¹ Aus jedem einzelnen, besonderen opus, Effekt, wird mithin auch die ganze Kraft des agens erwiesen: quando aliquod particulare opus proprium est alicuius agentis, tunc per illud particulare opus probatur tota virtus agentis; sicut cum ratiocinari sit proprium hominis, ostenditur aliquis esse homo ex hoc ipso, quod ratiocinatur circa quodcunque particulare propositum.²

Alles Weitere über das Wirken der Naturdinge muſs für später vorbehalten bleiben.

β) **Modifikationen im Wirken der Naturdinge.**

Nachdem wir die Natur und ihr Gebiet erklärt und abgegrenzt haben, müssen wir noch zwei Begriffe näher kennen lernen, welche als dem Begriff der Natur gegenüberstehend bezeichnet werden. Das ist der Begriff der **Gewalt** und derjenige der **Kunst**. Alles, was gewaltsam und künstlich geschieht, unterscheidet sich von demjenigen, was auf natürliche Weise geschieht.

1. Violentum.

Thomas sagt: Violentum autem dicitur, cuius principium est extra, nil conferente eo, quod vim patitur.³ Ferner: Manifestum est enim, quod ea, quae per violentiam moventur, ab alio moventur, ex ipsa definitione violenti: est enim violentum, ut dicitur in tertio Ethicorum, cuius principium est extra, nil conferente vim passo.⁴

Im Gegensatz also zum Natürlichen, welches aus einem inneren Princip hervorgeht, ist das **Gewaltsame** etwas, was von einem äuſseren Princip herkommt. Ferner liegt in der obigen Definition, daſs das Ding, welches die Gewalt erleidet,

---

[1] Vgl. Quodl. qu. 4. art. 2.
[2] S. theol. 3. qu. 43. art. 4. ad 3. — Vgl. auch: operatio autem naturae semper terminatur ad unum, sicut et procedit ab uno principio, quod est forma rei naturalis. S. theol. 2. 2. qu. 95. art. 5. — Ferner: Actus naturalis semper sequitur in determinatis ad unum, nisi impediatur, et hoc raro. 2. Sent. dist. 39. qu. 2. art. 1. ad 3. u. 4.
[3] S. theol. 2. 2. qu. 175. art. 1.
[4] Physic. l. 8. lect. 7.

in keiner Weise zu diesem letzteren beitragen darf. Es genügt also zum Begriff dessen, was gewaltsam geschieht, noch nicht, dafs das leidende Subjekt sich rein negativ verhält und die Bewegung des gewaltthätigen Princips blofs an sich geschehen läfst, sondern erst dann bezeichnen wir einen Vorgang als gewaltsam, wenn er gegen die natürliche Neigung und Bewegung des leidenden Subjektes erfolgt, so, dafs das letztere sich dabei widerstrebend verhält. Die gegen die natürliche Neigung gerichtete Bewegung ist also nur dann ein violentum, wenn sie von einem fremden, äufseren Princip ausgeht. Dagegen ist sie noch nicht gewaltsam, wenn sie von demselben Princip ausgeht, von welchem auch die natürliche Neigung und die Natur des Dinges selbst herkommt: illud, quod movetur ab altero, dicitur cogi, si moveatur contra inclinationem propriam; sed si moveatur ab alio, quod ipsi dat propriam inclinationem, non dicitur cogi; sicut grave cum movetur deorsum a generante (d. h. von der causa efficiens des betreffenden schweren Körpers, insofern bei der Produktion des Körpers auch seine Schwere mit produziert wird) non cogitur. Sic igitur Deus movendo voluntatem non cogit ipsam, quia dat ei eius propriam inclinationem.[1]

Ein Ding kann nun in zweifacher Weise Gewalt erleiden. Wenn z. B. der Stein, welcher in sich die natürliche Neigung zum Fallen trägt, in die Höhe geworfen wird, so ist diese Bewegung eine dem Ziel der natürlichen Bewegung entgegengesetzte, gewaltsame zu nennen. Wenn er aber schneller herabgeworfen wird, als es dem Mafse seiner natürlichen Fallgeschwindigkeit entspricht, so ist diese Bewegung nur bezüglich des modus seines natürlichen Strebens eine gewaltsame.[2]

Hieraus ergibt sich auch der Unterschied des motus naturalis und des motus violentus. Bei dem motus naturalis ist das bewegende Princip die Natur, welche positiv zur Bewegung treibt und von innen heraus wegen ihres Zweckes agiert, der eben das ist, was für sie gut ist, ihr bonum. Bei dem motus violentus dagegen liegt das Princip aufserhalb der

---

[1] S. theol. 1. qu. 105. art. 4. ad 1.
[2] Vgl. S. theol. 2. 2. qu. 175. art. 1. — Quaest. disp. de pot. qu. 5. art. 5. ad 12.

res mobilis, des veränderungsfähigen Dinges, welches die Gewalt erleidet, und hier leistet dieses Ding jener erzwungenen Veränderung einen Widerstand; seine Thätigkeit endlich ist dabei nicht auf seinen natürlichen Zweck gerichtet, sondern weicht davon ab.

Aber sowohl die naturgemäfse Veränderung, wie auch die gewaltsame Veränderung gehen beide an derselben res mobilis vor sich. So kann z. B. ein und derselbe Zweig eines Baumes zugleich wachsen, als auch durch Pressung eines anderen zu nahe stehenden Baumes nach einer ihm nicht natürlichen, sondern aufgezwungenen Richtung wachsen. Daher stehen sich beide Arten von Veränderungen, der motus naturalis und der motus violentus, nicht an und für sich gegensätzlich gegenüber; vielmehr liegt der Gegensatz beider nur auf seiten der Principien und des modus tendendi in finem.

2. Artificiatum.

Es gibt nach Thomas eine eigene Ordnung des Künstlichen: omnia artificiata subduntur ordini artis.[1] Diese Ordnung der ars definiert er folgendermafsen: ars nihil aliud est, quam recta ratio aliquorum operum faciendorum; quorum tamen bonum non consistit in eo, quod appetitus humanus aliquo modo se habet, sed in eo, quod ipsum opus, quod fit, in se bonum est. Non enim pertinet ad laudem artificis, inquantum artifex est, qua voluntate opus facit, sed quale sit opus, quod facit. Sic igitur ars proprie loquendo habitus operativus est.[2] Ferner: in quolibet artifice praeexistit ratio eorum, quae constituuntur per artem... ratio rerum fiendarum per artem vocatur ars, vel exemplar artificiatarum.[3] Endlich: ars (est) circa factibilia, quae scilicet in exteriori materia constituuntur, sicut domus, cultellus et huiusmodi.[4]

Die Kunst ist demnach keine Substanz, sondern nur ein Accidens, etwas in der Seele des Künstlers, nämlich die habituelle oder bleibende Geschicklichkeit als recta ratio, als Plan der in einem äufseren Material zu produzierenden Werke. So

---
[1] S. theol. 1. qu 22. art. 2.
[2] S. theol. 1. 2. qu. 57. art. 3. — Vgl. ebd. art. 4.
[3] S. theol. 1. 2. qu. 33. art. 1.
[4] S. theol. 2. 2. qu. 47. art. 5.

ist sie auch das principium proximum, durch welches der Künstler in stand gesetzt wird, kunstgemäfse Handlungen und kunstgemäfse Effekte hervorzubringen. Sie unterscheidet sich daher von der Natur, die eine Substanz und das erste und radikale Princip der Veränderung und des Wirkens ist. Ein weiterer Unterschied liegt darin, dafs die Natur des agens das Wirkprincip für das Hervorbringen der Substanz eines Effektes ist. Die Natur der causa efficiens z. B. bringt den Metallkörper hervor und macht ihn zur Körpersubstanz; die Kunst dagegen ist das Wirkprincip nur bezüglich des modus und der Disposition, welche der Künstler dem als Körpersubstanz schon fertigen Material verleiht. Denn die Form der Kunst ist selbst nur eine accidentale und besteht als solche allein in der Anordnung und Disposition.[1]

Daher unterscheiden sich die natürlichen und künstlichen Dinge in folgenden Punkten: bei den natürlichen Dingen ist das formale aktive Princip in dem Dinge selbst vorhanden, welches entsteht. Die Wesensform z. B. des Metalles ist im Metallkörper, welcher in natürlicher Weise produziert wird. Bei den künstlich fabrizierten Dingen ist dagegen das Princip der Veränderung im faciens und nicht in dem fabrizierten Dinge, in facto. So ist z. B. das Princip des Erbauens, die recta ratio aedificandi, nicht im Gebäude, sondern im Baumeister.

Natur und Kunst sind aber nicht einander an und für sich gegensätzlich, sondern stehen sogar in einer ganz besonderen Beziehung zu einander. Ars imitatur naturam, sagt Thomas und fügt den Grund hierfür hinzu: eius autem, quod ars imitatur naturam, ratio est, quia principium operationis artificialis cognitio est: omnis autem nostra cognitio est per sensus a rebus sensibilibus et naturalibus accepta, unde ad similitudinem naturalium in artificialibus operamur. Ideo autem res naturales imitabiles sunt per artem, quia ab aliquo principio intellectivo tota natura ordinatur ad finem suum, ut sic opus naturae videatur esse opus intelligentiae, dum per determinata media ad certos fines procedit; quod etiam in operando ars imitatur.[2]

---

[1] Vgl. Phys. l. 2. lect. 4.   [2] Ebd.

3. Die Naturordnung.

a) Die Naturgesetze.

1. Wenn wir sehen, wie das einzelne geschöpfliche Ding wirkt, thätig ist, so ist damit die Betrachtung dieser Wirkungen nicht erschöpft. Vielmehr folgt dem Erkennen der einzelnen Wirkung die Vergleichung mit anderen Wirkungen. So lehrt uns die Erfahrung, dafs thatsächlich das Thätigsein von Individuen derselben Art auch eine gewisse Ähnlichkeit oder Gleichheit zeigt; dafs ferner auch die Arten einer einzigen Gattung dieselbe specifische Gleichheit und Regelmäfsigkeit der Handlungen aufweisen, und endlich, dafs sich eine gewisse Art von Gleichheit und Regelmäfsigkeit überhaupt in dem Wirken aller geschöpflichen Dinge offenbart. Daraus entnehmen wir dann den Schlufs, dafs in allen diesen Dingen etwas vorhanden sein mufs, was die Ursache dieser specifischen Gleichheit und Regelmäfsigkeit ist. Man hat für diesen Grund die Bezeichnung „Naturgesetz" eingeführt.

In diesem Ausdruck will man unter „Natur" die Summe aller einzelnen geschöpflichen Naturen verstanden wissen, d. h. die Gesamtheit aller geschaffenen Substanzen, welche die Kraft haben, genau bestimmte, determinierte Effekte zu produzieren. Die Gleichheit in diesen Effekten führt man auf bestimmte Gesetze zurück, welche in den natürlichen geschöpflichen Dingen vorhanden sein müssen, die also selbst auch natürlich sind, und die Zusammenfassung dieser natürlichen Gesetze nennt man dann das Gesetz der Natur.

Da durch die rein gedankliche Zusammenfassung nicht ipso facto gesagt werden soll, dafs dasjenige, was wir zu einer gedanklichen Einheit zusammengefafst haben, auch als reale Einheit existiert, da ferner die Erfahrung uns diese gedankliche Einheit „Natur" real nur in den einzelnen natürlichen Dingen nachweist, so können wir nicht sagen, dafs das Gesetz der Natur etwas aufserhalb der natürlichen, d. h. geschöpflichen Dinge Befindliches ist, sondern in diesen Dingen selbst liegen mufs. Es mufs also mit der Wesenheit der geschaffenen Dinge selbst notwendig eine Eigenschaft verbunden sein, durch welche die

Thätigkeit dieser Dinge nach einer bestimmten Richtung hin determiniert wird.

An dieser Eigenschaft können wir zwei Momente unterscheiden: sie muſs zunächst von demjenigen Princip ausgegangen sein, welches überhaupt die geschöpflichen Dinge ins Dasein gerufen hat, d. h. also, sie muſs von Gott in die Dinge hineingelegt worden sein, und zwar unmittelbar zugleich mit der Übergabe der Kräfte an diese Dinge. Ferner muſs diese Eigenschaft so geartet sein, daſs sie den Zweck, wegen dessen sie gegeben wird, auch erreichen kann. Dieser Zweck ist aber die Ordnung innerhalb der Thätigkeit aller geschöpflichen Dinge. Mithin muſs sie die einzelnen Dinge mit einer gewissen Macht zur Erreichung ihres Zweckes antreiben, beeinflussen, d. h. sie muſs die Anwendung der in den einzelnen Dingen vorhandenen Kräfte so leiten, daſs sie unter gleichen Umständen nach derselben Richtung hin operieren.

Ist also einerseits Gott der Urheber des sogenannten Naturgesetzes, so ist die von ihm gewollte Ordnung in der Natur der Zweck dieses Gesetzes. Sind ferner die Kräfte der geschöpflichen Dinge dasjenige, woraus das sogenannte Naturgesetz gebildet ist, so ist andererseits das bestimmende Element desselben, nämlich die Determination, die Form, welche die geschöpflichen Kräfte selbst zu ordnungsgemäſs wirkenden Kräften macht.

Da die Kräfte zur Vervollkommnung der Wesenheit der geschöpflichen Dinge dienen und mit ihr zusammen die Natur eines Dinges ausmachen, so können wir unter Naturgesetzen diejenigen Determinationen verstehen, welche der Schöpfer zu der Wesenheit der geschöpflichen Dinge hinzugefügt hat, damit diese mit ihren natürlichen Kräften unter der Leitung jener Determinationen in ordnungsgemäſser Weise die Ordnung in dem Naturganzen selbst operieren, bewirken.

2. Eine solche Definition der Naturgesetze oder des Naturgesetzes findet sich nun bei Thomas nicht, wie überhaupt nicht die Lehre über das, was wir jetzt Naturgesetz nennen. Der letztere Begriff ist eben ein neuerer, moderner, und — fügen wir auch hinzu — manchmal ein ganz verworrener, so daſs oft die Determinationen, welche nichts anderes als Eigenschaften an

der Wesenheit der einzelnen geschöpflichen Dinge sind, aus den Dingen herausgestellt und verselbständigt werden. Ihre Zusammenfassung ergibt dann entweder ein selbständiges Wesen, welches man infolge einer neuen Verwechslung mit der Natur identifiziert, oder ein Grundgesetz, welches von dieser selbständigen Natur gegeben ist. Und diese letztere Auffassung setzt wieder voraus, daſs sich in den einzelnen geschöpflichen Dingen, besonders in jenen, die nicht mit Vernunft und freiem Willen begabt sind, eine Fähigkeit vorfindet, welche sie jenes Grundgesetz erkennen und mit einer Art von Willensäuſserung befolgen läſst. Gerade diesen Fehler aber hat Thomas vermeiden wollen und vermieden, wenn er in aller Schärfe den Begriff des Gesetzes allein auf das ethische Gebiet angewendet wissen will, also nur für geschöpfliche Wesen gelten läſst, welche Verstand und freien Willen besitzen. Daher ist die lex naturalis bei Thomas nicht mit unserem „Naturgesetz" zu verwechseln.

Dieses ethische Gesetz definiert er in folgender Weise: lex quaedam regula est et mensura actuum, secundum quam inducitur aliquis ad agendum vel ab agendo retrahitur. Dicitur enim lex a ligando, quia obligat ad agendum .... Rationis enim est ordinare in finem, qui est primum principium in agendis secundum Philosophum 7. Ethic. cap. 9. In unoquoque autem genere id, quod est principium, est mensura et regula illius generis, sicut unitas in genere numeri et motus primus in genere motuum. Unde relinquitur, quod lex sit aliquid pertinens ad rationem.[1] Im eigentlichen Sinne kann daher ein Gesetz nur für dasjenige Geschöpf bestimmt sein, welches legis capax ist, also für die mit Vernunft begabte Kreatur: Illis danda est lex, in quibus est agere et non agere. Hoc autem convenit soli rationali creaturae. Sola igitur rationalis creatura est susceptiva legis.[2]

In übertragener, analoger Bedeutung jedoch läſst sich der Begriff der lex auch auf die Naturdinge anwenden. So ist Thomas zu verstehen, wenn er sagt: Actus creaturarum irrationalium, prout ad speciem pertinent, diriguntur a Deo quadam naturali inclinatione, quae naturam speciei consequitur.[3] Ferner

---

[1] S. theol. 1. 2. qu. 90. art. 1. — Vgl. S. ctr. Gent. l. 3. cap. 114.
[2] S. ctr. Gent. s. a. O.   [3] Ebd.

an derselben Stelle: Id autem, quo aliquorum actus gubernantur, dicitur lex . . . Cum lex nihil aliud sit, quam ratio operis, cuiuslibet autem operis ratio a fine sumatur, ab eo unusquisque legis capax suscipit legem, a quo ad finem perducitur, sicut inferior artifex ab architectone et miles a duce exercitus.

3. Das Gesetz überhaupt kann aber von einem zweifachen Standpunkte betrachtet werden: einmal so, wie es in demjenigen ist, welcher das Gesetz gibt, aufstellt, und ein anderes Mal so, wie es in demjenigen ist, der das Gesetz aufnimmt und von ihm geleitet wird, d. h. kurz: in regulante und in regulato. In regulante, in demjenigen agens also, welches die Anordnung macht, ist es seinem Wesen nach vorhanden; im regulato dagegen nur participative, d. h. etwas von dem Gesetze, aber nicht alles, ist in denjenigen Dingen, welche diesem Gesetze unterworfen sind, ihm gehorchen, vorhanden. So sagt Thomas: cum lex sit regula quaedam et mensura, dicitur dupliciter esse in aliquo: uno modo sicut in mensurante et regulante; et quia hoc est proprium rationis (nämlich das Regulieren und Bemessen), ideo per hunc modum lex est in ratione sola. Alio modo sicut in regulato et mensurato; et sic lex est in omnibus, quae inclinantur in aliquid ex aliqua lege, ita, quod quaelibet inclinatio proveniens ex aliqua lege potest dici lex, non essentialiter, sed quasi participative.[1]

Das ewige oder göttliche Gesetz ist in Gott: Manifestum est autem, supposito quod mundus divina providentia regatur, ut in Prima habita est, quod tota communitas universa gubernatur ratione divina. Et ideo ipsa ratio gubernationis rerum in Deo sicut in principe universitatis existens legis habet rationem.[2]

Die Naturgesetze jedoch sind das Gesetz, wie es im regulato, nämlich im Weltall und in allen seinen Teilen, existiert; sie sind daher nur eine participatio legis aeternae in creatura.[3]

Man kann aber noch weiter gehen und sagen, daſs jene natürlichen Inklinationen der Dinge — d. h. die Naturgesetze

---

[1] S. theol. 1. 2 qu. 90. art. 1. ad 1.
[2] S. theol. 1. 2. qu. 91. art. 1.
[3] Vgl. Ebd. art. 2. und ad 1.

in regulato — von unserem Verstande erkannt werden. Aus der Zweckmäfsigkeit des Wirkens erkennen wir die Ordnung in den Dingen, so dafs wir nach dieser erkannten Ordnung jetzt die Einzeldinge und die einzelnen Thatsachen wirklich bemessen können. So entstehen durch die Erkenntnis der Naturordnung in unserem Wissen die sekundären, d. h. von uns dem göttlichen Gesetze nachgedachten Naturgesetze und haben in der Wissenschaft wahrhaft, wenn auch nur im analogen Sinne, die Bedeutung von Gesetzen. So sagt Thomas: res naturales sunt mediae inter scientiam Dei et scientiam nostram. Nos enim scientiam accipimus a rebus naturalibus, quarum Deus per suam scientiam causa est: unde, sicut scibilia naturalia sunt priora quam scientia nostra et mensura eius, ita scientia Dei est prior quam res naturales et mensura ipsarum; sicut etiam aliqua domus est media inter scientiam artificis, qui eam fecit, et scientiam illius, qui eius cognitionem ex ipsa iam facta capit.[1]

Aus allem diesem ist zu ersehen, dafs auch Thomas die weitere Fassung des Begriffes lex naturalis zuläfst. Wenn man nämlich ein Gesetz eigentlich nur dort als vorhanden annehmen kann, wo die Fähigkeit desselben zu verstehen und zu befolgen vorhanden ist, so kann man doch andererseits auch sagen, dafs der Effekt, welcher durch die Befolgung des Gesetzes entsteht, nämlich die richtige Ordnung der einzelnen unter ein Gesetz fallenden Akte, auch das Gesetz darstellt, gleichsam das verkörperte Gesetz ist. In diesem Falle sieht man daher gewissermafsen davon ab, dafs die Befolgung selbst an einen bestimmten Willensakt gebunden ist, und betrachtet nur den Effekt derselben. Da nun das Gesetz, welches Gott den mit Vernunft begabten Menschen gegeben hat, auch eine Richtschnur und Regel ist, nach welcher sie ihre Handlungen auf Grund ihres vernünftigen Willens einrichten sollen, so kann auch jede Richtschnur und Regel, die von Gott für nicht mit Vernunft begabte Wesen bestimmt ist, im analogen Sinne als Gesetz angesehen werden. Im letzteren Falle ist also nur die Art und Weise, wie das unter einem Gesetze stehende Wesen dieses Gesetz

---

[1] S. theol. 1. qu. 14. art. 8. ad 3.

befolgt, nicht genau berücksichtigt. Infolgedessen können auch diejenigen Wesen, welche sich von dem mit Vernunft begabten Menschen nur durch das Fehlen der Vernunft unterscheiden, als unter einem Gesetze stehend betrachtet werden und zwar für alle jene Akte, in welchen sie ihrem Naturtriebe folgen. Dieser Naturtrieb selbst ist dann im analogen Sinne ein Gesetz zu nennen.[1] Erst, wenn man dann den Begriff des Gesetzes noch mehr erweitert, kann man auch dasjenige, was wir jetzt Naturgesetz nennen, auf die Lehre von der lex naturalis bei Thomas indirekt zurückführen.

b) Der Begriff der Ordnung.

1. Dafs die Wesenheit eines jeden geschöpflichen Dinges jene für seine Akte determinierenden Eigenschaften besitzt, ist eine Erfahrungsthatsache und bedarf eigentlich keines Beweises. Wir erkennen sie sowohl bei den belebten, wie bei den unbelebten Dingen, bei den Tieren, wie bei den Pflanzen. Was jedes einzelne Ding wirkt, operiert, ist weder umsonst gethan, noch findet es blofs und ausschliefslich in dem operierenden Dinge seinen einzigen Zweck. Auch die unscheinbarste Wirksamkeit führt in ihren Folgen jene harmonische Ordnung herbei, welche das Weltganze beherrscht. Wenn der Descendenztheoretiker weder diese Ordnung in der ganzen Welt, noch diejenige in den einzelnen Weltdingen übersehen kann, aber trotzdem glaubt, das Princip dieser Ordnung, umgestaltet in ein Zwangsprincip, aus den einzelnen Dingen herausstellen zu dürfen, so begeht er nicht nur den schon oben erwähnten Fehler, dafs er allen Dingen, auch den unvernünftigen und unbelebten, etwas beilegt, was sie nicht besitzen, sondern stellt sich selbst ebenfalls aufserhalb des Bodens der exakten Forschung, da er in der Natur aufserhalb der Einzeldinge mit seiner Erkenntnis nichts selbständiges Reales mehr wahrnehmen kann.

Gehen wir daher zu Thomas zurück, um von ihm jetzt auch diese Ordnung im Naturganzen kennen zu lernen.

Er sagt: Oportet, quod, ubicunque est aliquod principium,

---

[1] Vgl. S. theol. 1. 2. qu. 91. art. 6.

sit etiam ordo.[1] Als Princip gilt aber nach S. theol. 1. qu. 33. art. 1. alles dasjenige, von dem etwas auf irgend eine Weise ausgeht. Damit ist schon eine Unterscheidung zwischen Princip und dem aus diesem Princip Hervorgegangenen konstituiert, da beides naturgemäfs nicht identisch sein kann. Vergleichen wir nun das, was aus einem Princip hervorgegangen ist, das principiatum, mit seinem Princip, so ist das erstere nicht nur unterschieden von letzterem, sondern hat auch eine gewisse Beziehung zu ihm. Diese Beziehung zum Princip ist eben durch das Hervorgehen aus dem Princip vom Princip selbst dem principiatum mitgeteilt. Nehmen wir z. B. ein kausales Princip für irgend etwas an, so hat die causa dem causatum erst das bestimmte Sein gegeben, so, dafs dieses verursachte Sein gleichsam als ein Teil jenes Seins, welches die causa besitzt, die Verbindung zwischen causa und causatum bildet. Diese Verbindung ist thatsächlich vorhanden und besteht in der Ähnlichkeit zwischen der Ursache und dem von ihr Hervorgebrachten. Bei dem Kausalitätsverhältnis z. B., welches zwischen Vater und Sohn herrscht, hat der Sohn eine wirkliche reale Ähnlichkeit mit dem Vater, ja, er ist sogar in gewisser Hinsicht dem Vater gleich, indem er nämlich dieselbe menschliche Natur besitzt wie der Vater. In diesem Kausalitätsverhältnis ist daher dasjenige, was im Vater, wie im Sohne in gleicher Weise vorhanden ist, die menschliche Natur. An dieser participieren beide in gleicher Weise, und durch diese gleiche Participation an einem Dritten werden sie auch untereinander ähnlich. In derselben Weise mufs daher auch jede causa mit ihrem causatum, jedes principium mit seinem principiatum untereinander verbunden sein, d. h. durch ihre gleiche Beziehung zu einem Dritten kommt ein eigentümliches Verhältnis zwischen den einzelnen Gliedern einer Reihe von Dingen zu stande, die sich zu einander wie principium zu principiatum verhalten. Dieses eigentümliche Verhältnis nennt man die Ordnung in den Dingen.

2. Bisher war gesagt worden, dafs die Ordnung in dem Verhältnis mehrerer Dinge — welche sich untereinander wie principium zu principiatum verhalten — zu einem Dritten

---

[1] S. theol. 2. 2. qu. 26. art. 1.

bestände. Allein das bedarf einer Erklärung. Nehmen wir z. B. nochmals das Kausalitätsverhältnis zwischen Vater und Sohn, so bestand hier die Ordnung darin, dafs causa und causatum in gleicher Weise an dem Menschsein participierten. Das Menschsein ist aber ein Universale, welches real nur in den Einzeldingen vorhanden ist, auf die es bezogen wird. Dieses Universale ist also real in den Dingen, nämlich im Vater und im Sohne, vorhanden; es ist also eigentlich nicht etwas Drittes, sondern gehört den beiden miteinander verglichenen Individuen an. Nur logisch kann es als Allgemeinbegriff von beiden getrennt werden. Real existierte aber das Menschsein zuerst im Vater, durch dessen Thätigkeit dem Sohne erst die Teilnahme an demselben gegeben wurde. Mithin ist das Menschsein des Sohnes mit dem Menschsein des Vaters zu vergleichen, wenn wir das Kausalitätsverhältnis oder die Kausalitätsordnung zwischen beiden erkennen wollen. Die Ordnung liegt also nicht aufserhalb des Vaters und des Sohnes, sondern in beiden, und nur logisch unterscheiden wir sie als etwas Drittes von beiden. Dasselbe gilt für jedes andere Kausalitätsverhältnis, wie auch für das Verhältnis zwischen principium und principiatum. Wir dürfen daher eigentlich nicht mehr die Ordnung als etwas Drittes betrachten, sondern als etwas in den Dingen selbst Vorhandenes, d. h. als das Verhältnis, in welchem die Glieder einer Ordnung zu ihrem Princip stehen. Denn auch das Princip teilt dem Principiatum in ähnlicher Weise, wie die causa dem causatum, jene Ähnlichkeit mit, welche die Grundlage der Ordnung bildet. Daher sagt Thomas: in omnibus, in quibus invenitur aliquod principium, ordo attenditur secundum comparationem ad illud principium.[1]

3. Die Art und Weise dieses Verhältnisses kann natürlich nicht rein willkürlich sein. Vielmehr wird es durch die Dinge selbst bestimmt, in welchen die Ordnung existiert. Thomas erläutert diese Seite der Ordnung als Formalursache folgendermafsen: Ordo in ratione sua includit tria: scilicet 1) rationem prioris et posterioris; unde secundum omnes illos modos potest dici esse ordo aliquorum, secundum quos aliquis altero prius

---

[1] S. theol. 2. 2. qu. 26. art. 6.

dicitur et secundum locum et secundum tempus et secundum omnia huiusmodi.¹ Das Vorhandensein einer Ordnung innerhalb mehrerer Dinge macht also, dafs diese Dinge rücksichtlich ihres Princips sich in irgend einer Weise wie das posterius zum prius verhalten; d. h. aber, dafs das Geordnetsein für das principium das prius-Sein, für das principiatum das posterius-Sein beansprucht. Hierbei ist der Modus gleichgültig, wie dieses prius und posterius entsteht, ob auf Grund des Zeit- oder Ortsunterschiedes oder aus anderen Gründen. — 2) Includit etiam distinctionem, quia non est ordo aliquorum nisi distinctorum. Sed hoc magis praesupponit nomen ordinis quam significet.² Diese distinctio rerum, welche die Voraussetzung für eine Ordnung überhaupt ist, wird nämlich nicht durch das Vorhandensein der Ordnung aufgehoben. Vielmehr bleiben und müssen die Einzeldinge, auch wenn sie geordnet sind, voneinander verschieden bleiben: quia non est ordo aliquorum nisi distinctorum. Daher wahrt die Ordnung als Formalursache auch diese distinctio. — 3) Includit etiam tertio rationem ordinis, ex qua etiam ordo in speciem trahitur. Unde unus est ordo secundum locum, alius secundum dignitatem, alius secundum originem, et sic de aliis.³ Damit sagt Thomas, dafs es eigentlich keinen Begriff einer allgemeinen Ordnung gibt, sondern nur bestimmte Ordnungen. Der Grund hierfür liegt darin, dafs ordo eine Relation ist. Dieses Accidens unterscheidet sich nämlich von allen anderen Accidentien gerade dadurch, dafs es durch den terminus ad quem bestimmt wird. Denn jede Relation ist als Accidens wohl an einem Dinge, aber es bestimmt nicht dieses Ding, in quo est, näher, sondern bezeichnet sein Hingeordnetsein zu einem anderen Dinge, so dafs dieses letztere sofort die Species der betreffenden Relation angibt. Die Relation des Vaterseins kann z. B. nur im Hinblick auf ein Kind, einen Sohn existieren. Ebenso gibt es auch ein prius nur im Hinblick auf ein posterius und umgekehrt. Daher mufs auch der Begriff der Ordnung stets ein specifizierter sein. Thomas gibt hier nur den ordo secundum locum, secundum dignitatem und secundum originem an. Der Grund für die

---
[1] 1. Sent. dist. 20. qu. 1. art. 3. Sol. I.
[2] Ebd. [3] Ebd.

Mannigfaltigkeit des ordo liegt in der vielfachen Bedeutung des Begriffes Princip: ordo semper dicitur per comparationem ad aliquod principium. Unde sicut dicitur principium multipliciter, scilicet secundum situm, ut punctus, secundum intellectum, ut principium demonstrationis, et secundum causas singulas, ita etiam dicitur ordo.[1]

4. Damit also überhaupt eine Ordnung existieren kann, ist es nötig:

1) quod utrumque sit ens[2], mag dieses nun ein reales oder nur ein gedankliches ens sein. Dafs beide Arten von Sein eine Ordnung haben können, sagt Thomas ausdrücklich: ordo absque distinctione non est; unde ubi non est distinctio secundum rem, sed solum secundum modum intelligendi, ibi non potest esse ordo nisi secundum modum intelligendi.[3]

2) Oportet, quod utrumque distinctum sit, quia eiusdem ad seipsum non est ordo. Dadurch wird also auch klar ausgesprochen, dafs der Vergleich zwischen den einzelnen Gliedern einer Ordnung nicht darin besteht, dafs man ihr Verhältnis zu einem Dritten auferhalb ihrer selbst bestimmt, sondern nur ihr Verhältnis zum Princip untersucht. Denn sonst wäre es nicht möglich, dafs Thomas hier sagen könnte: non est ordo eiusdem ad seipsum; d. h. weil eben die Ordnung als solche in den Dingen ist, kann das Einzelding nicht mit der in ihr vorhandenen Ordnung verglichen werden; es gibt keine distinctio zwischen der Ordnung als solcher und dem Dinge, in welchem die Ordnung vorhanden ist, sondern nur zwischen dem Princip der Ordnung und dem mit diesem Princip durch die Ordnung verbundenen Dinge.

3) Oportet, quod utrumque sit ordinabile ad aliud. Durch diese letztere Bestimmung wird für dasjenige, welches Glied einer Ordnung sein soll, gefordert, dafs es wirklich eine Beziehung zu dem anderen Gliede, bezw. zum Princip besitzt. Daher ist die blofse iuxtapositio noch keine Ordnung. Vielmehr mufs diese wirkliche Beziehung des principiatum zum principium gerade

---

[1] S. theol. 1. qu. 42. art. 3.
[2] Quaest. disp. de Pot. qu. 7. art. 11.
[3] Ebd. qu. 10. art. 3.

in dem bestehen, was beide miteinander zu einer Ordnung verbinden kann, und das ist nach dem, was vorhin gesagt worden war, die Gleichheit oder Ähnlichkeit zwischen principium und principiatum. Da nun logisch wenigstens das principiatum sich zum principium stets wie das posterius zum prius verhält, so liegt der Vergleichspunkt zwischen beiden gerade in demjenigen, was das principium rücksichtlich seines principiatum zum prius und das letztere rücksichtlich des principium zum posterius macht. So sagt auch Thomas: prius et posterius dicitur secundum relationem ad aliquod principium. Ordo autem includit in se aliquem modum prioris et posterioris. Unde oportet, quod ubicumque est aliquod principium, sit etiam ordo.[1] Allgemeiner drückt er dieses aus, wenn er sagt: Ordo semper dicitur respectu principii.[2]

5. Die Ordnung als solche ist demnach etwas Reales, weil sie in den realen Dingen vorhanden ist. Ferner erfordert der Begriff der Ordnung, dafs diejenigen Dinge, welche geordnet sind, nach einem bestimmten Plane geordnet sind, dafs also das Verhältnis der einzelnen geordneten Dinge untereinander fest bestimmt ist und zwar — da nichts ohne Zweck und Ziel sein kann — zu einem ebenso fest bestimmten Ziele hin. Das kann aber ein zufälliges Ziel nicht sein, weil der Zufall jeden bestimmten Zweck und Plan ausschliefst. Ebenso können auch nicht alle Dinge aus sich selbst eine Ordnung bewirken, sondern nur diejenigen, welche in bewufster Weise einen Plan aufstellen können, d. h. nur diejenigen Dinge, welche sowohl eine Macht über andere bestimmte Dinge besitzen, als auch für diese Dinge einen Plan, ein Ziel festsetzen können. Daher kann eine Ordnung nur von einem denkenden Verstande bewirkt werden: ergo est aliquid intelligens, a quo omnes res naturales ordinantur ad finem.[3] Ebenso sagt Thomas: ad hoc autem, quod aliqua sint ordinata, duo requiruntur: primo quidem, quod aliqua ordinentur ad debitum finem, qui est principium totius ordinis in rebus agendis; ea enim, quae casu eveniunt, praeter intentionem

---
[1] S. theol. 2. 2. qu. 26. art. 1.
[2] S. theol. 1. qu. 21. art. 3. — Vgl. ebd. qu.42. art. 3. — 1. Sent. pist. 20. qu. 3. — Quodl. 5, 19.
[3] S. theol. 1. qu. 2. art. 3.

finis, vel quae non serio fiunt, sed ludo, dicimus esse inordinata. Secundo oportet, quod id quod est ad finem, sit proportionatum fini; et ex hoc sequitur, quod ratio eorum, quae sunt ad finem, sumitur ex fine; sicut ratio dispositionis serrae sumitur ex sectione, quae est finis eius.[1]

6. Aus dem vorher Gesagten geht endlich auch hervor, dafs der hauptsächliche Zweck einer Ordnung nur für den denkenden Verstand bestimmt sein kann, da nur dieser überhaupt eine Ordnung erkennen kann. Allein der Zweck, welchen die Ordnung für die geordneten Dinge selbst statuiert, mufs in den Dingen selbst liegen. Nun ist das Geordnetsein eine Relation, also ein Accidens, welches sich an einem anderen Dinge befindet. Jede Bereicherung eines Dinges um ein neues Accidens bedeutet aber für dieses auch eine Vervollkommnung. Mithin ist der nächste Zweck des Geordnetseins für das geordnete Ding eine specielle Vervollkommnung dieses Dinges. Diese Vervollkommnung bedeutet für das principiatum eine Erhöhung zu seinem prius, dem Principium hin. Denn da das prius, sei es nun ein logisches oder reales prius, jedenfalls etwas Vollkommeneres ist als das posterius, so mufs auch die Verbindung des letzteren mit dem prius, die Verbindung des principiatum mit seinem principium, für das posterius, d. h. für das principiatum eine Vervollkommnung bedeuten. Aber auch das Princip participiert an dieser Vervollkommnung, da sein Einflufs nicht mehr allein auf sich selbst beschränkt ist, sondern sich in irgend einer Weise auch auf das principiatum ausdehnen kann. Somit ist der nächste Zweck der Ordnung für die geordneten Dinge die Herbeiführung einer Vervollkommnung ihres Seins.

Der weitere Zweck der Ordnung jedoch erklärt sich aus ihrer Erkennbarkeit für den denkenden Intellekt. Er gipfelt darin, dafs, wie alle Dinge ihren letzten Zweck nur in Gott finden, so auch der letzte Zweck der Ordnung nur in Gott, dem Urheber dieser Ordnung, gefunden werden kann.

---

[1] S. theol. 1. 2. qu. 102. art. 1. — Vgl. auch: ebd. 1. 2. qu. 109. art. 6. — 2. 2. qu. 58. art. 4. — ebd. qu. 83. art. 1. — qu. 88. art. 1.—4. Sent. dist. 38. qu. 1. art. 1. quaest. 1. — S. ctr. Gent. l. 2. cap. 24. — ebd. l. 3. cap 17.

c) **Der Begriff der Naturordnung.**

1. Unter Naturordnung können wir nur jene Ordnung verstehen, welche sich in der Gesamtheit aller geschöpflichen Dinge findet: Natur ist auch hier die universitas rerum creatarum. Da nun durch „Ordnung" dasjenige Verhältnis bezeichnet werden soll, in welchem sich principium und principiatum zu einander befinden, so müssen wir auch diese universitas rerum im Hinblick auf ihr Princip betrachten, wenn wir die in ihr herrschende Ordnung erkennen wollen. Das Princip aller geschöpflichen Dinge ist nun Gott, und er ist nicht blofs das Princip der Dinge, sondern auch ihr Verursacher, die causa efficiens für alle Geschöpfe.

Thomas unterscheidet zunächst eine doppelte Ordnung in den Dingen: das Verhältnis der Dinge zu ihrem Princip und zu ihrem Zweck: in rebus potest considerari duplex ordo: unus secundum quod egrediuntur a principio, alius secundum quod ordinantur ad finem.[1] Nach der ersten Betrachtungsweise gehören alle Dinge zur ars divina: sie ist die vorbildliche Ursache, forma exemplaris, und das effektive Princip aller Dinge, die causa efficiens principalis prima et universalissima.[2] Effektives Princip ist aber die ars divina vermittelst des göttlichen Wissens,[3] des göttlichen Willens[4] und der göttlichen Macht,[5] d. h. die scientia divina ist das dirigierende Princip für das Wirken Gottes, der göttliche Wille befiehlt das Werk und die göttliche Macht bringt es zur Ausführung. Vermöge dieser göttlichen Kunst hat der göttliche Künstler durch seine Weisheit alle Dinge in verschie-

---

[1] Quaest. disp. de verit. qu. 5. art. 1. ad 9.
[2] Vgl. S. theol. 1. qu. 15.
[3] Vgl. S. theol. 1. qu. 14. art. 8.: scientia Dei est causa rerum. Sic enim scientia Dei se habet ad omnes res creatas, sicut scientia artificis se habet ad artificiata. Scientia autem artificis est causa artificiatorum, eo, quod artifex operatur per suum intellectum. Unde oportet, quod forma intellectus sit principium operationis. . . . Manifestum est autem, quod Deus per intellectum suum causat res, cum suum esse sit suum intelligere: unde necesse est, quod sua scientia sit causa rerum, secundum quod habet voluntatem coniunctam.
[4] S. theol. 1. qu. 19. art. 4.
[5] S. theol. 1. qu. 25. art. 1.

denen ordines aufgereiht, und in jeder dieser Ordnungen verschiedene genera und species oder Naturen von Dingen und Individuen gebildet. Weil es ihm aber nicht genügte, alle Dinge zu produzieren, wollte er sie auch zu einem Ziele, Zwecke hindirigieren und hinordnen; endlich auch für die Mittel, durch welche sie diesen Zweck erreichen könnten, im voraus sorgen.[1] So unterliegt jedes Ding notwendig irgend einer Ordnung: impossibile est, aliquam rem omni ordine destitui.[2]

2. Allein, wir müssen in den Dingen auch weiterhin einen zweifachen ordo universi unterscheiden, nämlich den ordo creaturarum ad invicem und den ordo creaturarum ad Deum: Est autem duplex ordo considerandus in rebus. Unus, quo aliquid creatum ordinatur ad aliud creatum, sicut partes ordinantur ad totum, et accidentia ad substantias, et unaquaeque res ad suum finem. Alius ordo, quo omnia creata ordinantur ad Deum.[3]

Die erstere dieser beiden Ordnungen, ordo creaturarum ad invicem, besteht in dem Verhältnis der geschöpflichen Ursachen zu einander. Sie ist eine vielfache, da jede Ursache das hervorbringende Princip vieler Effekte sein kann, von denen jeder nicht nur in besonderer Weise zur Ursache hingeordnet ist, sondern selbst auch wieder Ursache neuer Effekte sein kann.[4]

Betrachten wir dagegen den ordo creaturarum ad Deum und zwar zu Gott als dem effektiven Princip, so kann es nur eine einzige solche Ordnung geben. Boetius definiert diese Ordnung als rebus mobilibus inhaerens dispositio, per quam providentia suis quaecumque tribuit ordinibus.[5] Sie ist also diejenige

---

[1] Vgl. S. theol. 1. qu. 65. art. 2. — Ebd. qu. 15. art. 2.
[2] 2. Sent. dist. 37. qu. 1. art. 1. ad 5.
[3] S. theol. 1. qu. 21. art. 1. ad 3. — Vgl. ebd. qu. 47. art. 3.: ipse ordo in rebus sic a Deo creatis existens unitatem mundi manifestat. Mundus enim iste unus dicitur unitate ordinis, secundum quod quaedam ad alia ordinantur. Quaecunque autem sunt a Deo, ordinem habent ad invicem et ad ipsum Deum, ut supra ostensum est. Unde necesse est, quod omnia ad unum mundum pertineant. — Ferner: Sicut ordo rationis rectae est ab homine, sic ordo naturae est a Deo. S. theol. 2. 2. qu. 154. art. 12. ad 1.
[4] Vgl. S. theol. 1. qu. 105. art. 6. und Kajetans Commentar dazu.
[5] Boetius, de consol. philos. l. 4 pros. 4. — Vgl. Quaest. disp. de verit. qu. 5. art. 1. ad 9.

Ordnung, welche von der göttlichen Vorsehung den Dingen eingepflanzt ist. Das Urbild dieser Ordnung existiert als solches in Gott selbst, es ist das sein Gedanke, sein Plan, welchen er vor der Erschaffung der Dinge hatte, und nach welchem er sie gerade so geschaffen hat, wie er es vorhergesehen, d. h. beabsichtigt hatte, es ist — wie wir sie nennen — die göttliche Vorsehung. So, wie diese von Gott vorher erdachte Anordnung aber in den Dingen von ihm ausgeführt worden ist, die Ordnung also in den Dingen oder ihr Geordnetsein, nennen wir dieselbe Ordnung das Fatum, allerdings im monotheistischen Sinne, wie ihn schon Boetius durch obige Worte ausgesprochen hatte. Es ist also jene Disposition, welche Gott selbst in die geschöpflichen Ursachen hineingelegt hat, damit letztere durch sie als Mittel zur Hervorbringung gewisser Wirkungen dienen können und zugleich zu ihrem Zwecke von der göttlichen Vorsehung hingeordnet werden.

Dieser Begriff des Fatum entspricht eigentlich dem modernen Begriff von der Herrschaft der Naturgesetze und bildet die Grundlage für die Natur- und Weltordnung. Thomas erklärt diesen Begriff des Fatum daher: dicitur fatum dispositio providentiae divinae de futuro progessu Esse (des Seins) et vitae inferioris; quae dispositio cum sit aeterna, constat, quod nihil ponit in rebus: et cum explicatur in effectu, tunc effectus ille per res completur temporibus et locis opportunis; sicut praeordinatio et praedestinatio alicuius in mente de agendis negotiis suis per nuntium nihil ponit in nuntio: sed tamen per nuntium expletur, quando nuntium dirigit illique iniungit negotium.[1] Unter fatum haben wir daher nur die Anordnung unter den geschöpflichen Dingen zu verstehen, welche als Zweck die Ausführung des von Gott vorausgesehenen und vorausgewollten Planes in der Welt hat. Das liegt schon in den Worten des Boetius: per quam scil. dispositionem providentia suis quaecunque tribuit ordinibis; und zur Ergänzung fügt er noch hinzu:[2] sive famulantibus quibusdam providentiae divinae spiritibus factum exercetur, seu anima, seu tota interveniente natura, sive coelestibus

---

[1] Opusc. 20. cap. 2.
[2] Boetius, de consol. philosoph. lib. 4. pros. 4.

siderum motibus, seu angelica virtute, seu daemonum varia solertia, seu aliquibus eorum seu omnibus fatalis series texitur.[1]

3. Aus der Herrschaft der Naturgesetze in ihrer Abhängigkeit von Gott ergibt sich nun die gesamte **Naturordnung** selbst, jene Ordnung, welche das Weltall beherrscht und doch in den Dingen selbst liegt. Denn die Ordnung der Dinge richtet sich nach der Ordnung der Ursachen. Ordo rerum est secundum ordinem agentium, quia omne agens ordinat effectum suum ad aliquem finem[2]; und: ordo actionum est secundum ordinem agentium, scilicet nobilior a nobiliori et prima a primo.[3] Diese Ordnung als **forma universi** ist daher auch nicht durch Zufall entstanden; denn der Zufall schliefst jeden Zweck aus.[4] Sie ist vielmehr von Gott beabsichtigt und gewollt: Oportet igitur, quod forma universi sit a Deo intenta et volita; non est igitur a casu; casu enim dicimus esse, quae praeter intentionem sunt agentis. Forma autem universi consistit in distinctione et ordine partium eius.[5]

Die ganze Naturordnung resultiert demgemäfs aus den verschiedenen kausalen Teilordnungen, welche aus der distinctio rerum in den ursächlichen Wirkungen der Dinge entspringen und selbst wieder zweckmäfsig zu einander hingeordnet sind. So sagt Thomas: Id, quod est bonum et optimum in effectu, est finis productionis ipsius. Sed bonum et optimum universi consistit in ordine partium ipsius ad invicem, qui sine distinctione esse non potest; per hunc enim ordinem universum in sua totalitate constituitur, quae est optimum ipsius. Ipse igitur ordo partium universi et distinctio earum est finis productionis universi.[6]

---

[1] Vgl. Flandria, Metaph. l. 6. qu. 12. art. 1.: Series sive ordinatio causarum secundarum ad effectus divinitus provisos efficiendos. — Giovan. Pico della Mirandola: series ordoque causarum pendens a divino consilio. (Bei Arnu, Naturalis philosophia P. I. lib. 2. Phys. qu. 7. c. 3. n. 70. Tom. III. p. 546.)
[2] S. theol. 1. 2. qu. 109. art. 6.
[3] 4. Sent. dist. 8. qu. 1. art. 8. quaest. 1. — S. ctr. Gent. l. 2. cap. 21. — ebd. l. 3. cap. 97.
[4] Vgl. S. ctr. Gent. l. 3. cap. 92.
[5] S. ctr. Gent. l. 2. cap. 29.
[6] S. ctr. Gent. l. 2. cap. 39.

Diese ganze Naturordnung ist aber endlich nur eine kontingente, d. h. nicht absolut notwendige, aus dem Grunde, weil ihre Elemente selbst nur kontingent sind. Sie resultiert nämlich, wie schon vorhin gesagt wurde, aus den besonderen Ordnungen, welche sich selbst wieder auf die Unterscheidung der Einzeldinge gründen. Die distinctio rerum beruht aber auf der Verschiedenheit der essentiae rerum,[1] ferner auf der Verschiedenheit des Wirkens der Einzeldinge, ihrer räumlichen Anordnung u. s. w. Keines von diesen Elementen ist aber an sich notwendig: auch wenn eine species untergeht, das Wirken einzelner Ursachen verhindert wird, der räumliche Abstand der Einzeldinge sich verändert, so geht doch dadurch noch nicht die Welt zu Grunde. Es wäre daher ebenso gut möglich gewesen, dafs Gott den Wirkursachen in der Welt eine andere Anordnung gegeben hätte, als auch noch geben könnte.

So, wie diese Anordnung jedoch jetzt beschaffen ist, bietet sie uns Menschen, die wir sie wahrnehmen und mit unserem Intellekt erfassen können, den Anblick der vollkommensten Harmonie, einer Harmonie, die direkt durch Gott gewollt und verursacht, als auch ein Abbild der in Gott selbst vorhandenen Harmonie, d. h. seiner göttlichen Schönheit ist. Mit Recht sagt daher Thomas: videre ordinem universi et dispositionem divinae providentiae est valde delectabile.[2] Und Cajetan sprach einst von dieser harmonischen Ordnung: nam optima res pax est, adeoque magna et divina, ut universa creatura hanc appetere et perquam desiderare videatur. Cum enim pax ipsa — Augustino teste — tranquillitas ordinis sit, et tranquillitas ordinis tunc sit, cum seclusis contrariis quibusque ordo conquiescit, constat res omnes, siquidem naturaliter fines suos appetant et impedientia cuncta summovere contendant, pacem appetere, pacisque et quietis fructus, ut adipiscantur, summa ope laborare.[3]

---

[1] S. theol. 1. qu. 47. art. 1. und art. 2.
[2] Expos. in Psalm. 26.
[3] Cajetanus, Opuscula Tom. III. Tr. 1. oratio 6. fol. 99. col. 3. I.

II. Das Gebiet des Übernatürlichen.

1. Der Begriff des Übernatürlichen.

Nachdem wir erkannt haben, was das Naturale ist, bleibt uns, um den Begriff des Wunders nach allen Seiten fest zu begründen, noch die Betrachtung jenes Gebietes übrig, welches man als das Supranaturale bezeichnet. Der christliche Standpunkt, den wir hier vorauszusetzen haben, erkennt die Existenz dieses Gebietes an. Was ist es aber? Welche Bedeutung hat es? Wie ist es innerhalb der geschöpflichen Natur zu erklären?

1. Stellt man dem Begriff des Naturale jenen des Supranaturale gegenüber, so liegt im letzteren zunächst, dafs er mit Rücksicht oder im Hinblick auf das Naturale gebildet ist. Verglichen also mit dem Naturale ist das Supranaturale etwas, das höher steht als ersteres. Unter Naturale verstehen wir nun nach dem, was früher gesagt worden ist, im allgemeinen alles dasjenige, was eine Natur hat, d. h. also alle Dinge, welche das Princip ihrer Thätigkeit in sich selbst haben. Danach läfst sich dieser Begriff von Natur und Naturale auch auf Gott anwenden: auch er besitzt das Princip seiner Thätigkeit in sich selbst, hat eine Natur, die göttliche. Diesen Begriff von Naturale können wir aber nicht zur Erklärung des Begriffes Supranaturale gebrauchen, weil letzterer in diesem Sinne etwas bezeichnen müfste, was selbst rücksichtlich Gottes höher wäre. Etwas Höheres als Gott gibt es aber nicht.

Daher ist Naturale, wenn es dem Supranaturale gegenübergestellt wird, nur das kreatürliche Naturale, und Natura nur die Zusammenfassung aller kreatürlichen Dinge, welche das Princip ihrer Thätigkeit in sich selbst besitzen.

Mithin bezeichnet das Supranaturale alles dasjenige, was rücksichtlich dieses beschränkten Naturale, nämlich rücksichtlich aller kreatürlichen Dinge, welche eine Natur besitzen, höher steht. Das Unterscheidende zwischen Naturale und Supranaturale kann daher nicht im Begriff der Natur als solcher liegen, da alle Dinge, welche eine Natur besitzen, sich in gleicher Weise zu diesem Begriff der Natur verhalten. Vielmehr mufs sich das „supra" des Supranaturale als Unterscheidungszeichen auf das kreatürliche Naturale beziehen, d. h. also, alles dasjenige, was das kreatürliche Naturale in irgend einer Hinsicht überragt, ist Supranaturale. Bezüglich des geschöpflichen Seins kennen wir aber nur ein einziges Sein, welches in absoluter Hinsicht das Kreatürliche überragt: das göttliche, nicht geschaffene Sein, den Urheber des geschöpflichen Seins. Mithin mufs das Supranaturale sich auf dieses göttliche Schöpfersein beziehen und zwar gerade auf das Sein Gottes als Schöpfer, weil nur mit Rücksicht auf das Erschaffensein von einem Supranaturale gesprochen werden kann.

Wir sprechen nun ferner vom Supranaturale nicht so, als ob es nur etwas rein Gedankliches wäre, sondern legen ihm reale Existenz bei und zwar eine Existenz, welche in einem wesentlichen Zusammenhange mit dem Natürlichen selbst steht. Wenn wir z. B. sagen, dafs die Ursache eines Wunders etwas Übernatürliches sei, so verstehen wir offenbar unter dieser übernatürlichen Ursache etwas Reales, nicht blofs etwas Gedachtes. Ferner mufs das Supranaturale, obgleich es als solches das Naturale überragt, doch innerhalb des Natürlichen — soweit dieses, wie oben schon erläutert wurde, geschöpflich ist — real sein, da es ja zu diesem in ganz bestimmte Beziehung gebracht wird. Ohne diese Beziehung hätte man keinen Grund, etwas als supranatural zu bezeichnen.

Aus allem diesem folgt, dafs das Supranaturale von demjenigen ausgesagt werden mufs, welches zwar nach einer gewissen Seite hin innerhalb des Gebietes des geschöpflichen Naturale liegt, nach einer anderen Seite hin jedoch eine ganz bestimmte Beziehung zum Schöpfer dieses geschöpflichen Naturale hat, welcher selbst supra naturam scil. rerum creatarum steht. Das heifst aber mit anderen Worten, dafs das Supranaturale eine Schöpferwirkung, ein Effekt sein mufs, welcher durch die Schöpferkraft Gottes innerhalb des kreatürlichen Naturale hervorgebracht ist. Die Schöpferkraft Gottes jedoch liegt in seiner Allmacht begründet. Daher bezieht sich das Supranaturale mit Rücksicht auf die geschöpfliche Natur nicht auf die Art und Weise, wie letztere von Gott abhängig ist, sondern nur ganz allgemein auf diese Abhängigkeit von der Allmacht Gottes, so dafs also der Effekt, den Gott innerhalb des kreatürlichen Naturale hervorbringt, nicht in einer Neuschöpfung aus dem Nichts besteht.

2. Haben wir bisher gesehen, dafs das Supranaturale ein Wirken Gottes innerhalb des geschöpflichen Naturganzen darstellt, und weiter, dafs dieses Wirken Gottes keine neue Schöpfung ist, so müssen wir auch zugeben, dafs Gott, wenn er einen supranaturalen Effekt innerhalb der Natur hervorbringt, auf die natürlichen Dinge als solche einwirkt. Wir kennen nun eine Einwirkung Gottes auf die geschöpfliche Natur, nämlich jene, durch welche letztere überhaupt existiert und wirkt. In diesem Falle operiert Gott aber auf eine ganz bestimmte Weise, nach bestimmten Gesetzen, den sogenannten Naturgesetzen. Diese Naturgesetze sind, wie früher gezeigt, die Determinationen in den einzelnen natürlichen, geschöpflichen Dingen, also, da erstere real nicht von der Wesenheit der Dinge zu trennen sind, selbst natürlich.

Ein solches Einwirken Gottes auf die geschöpfliche Natur kann jedoch das supranaturale Wirken Gottes nicht sein, da dieses dann eben nicht supranatural, sondern natural wäre. Wir müssen daher weiter folgern, dafs das supranaturale Wirken Gottes nicht auf diese Weise vor sich geht, und zwar mufs es sich von dem naturalen Wirken Gottes — so, wie er nach den von ihm selbst festgesetzten „Naturgesetzen" wirkt — gerade in demjenigen unterscheiden, was das Wesentliche des letzteren ausmacht. Das ist aber nichts anderes als der Dienst, welchen die geschöpfliche Natur bei dem naturalen Wirken Gottes leistet. Mithin mufs in dem supranaturalen Wirken Gottes gerade dieser Dienst der geschöpflichen Natur fehlen, d. h. Gott wirkt supranaturaliter, indem er innerhalb der geschöpflichen Natur Effekte ohne den Dienst derselben Natur hervorbringt. Daher sagt Thomas: supra naturam autem — scil. dicuntur — quae ipse Deus sibi reservat sine naturae ministerio operanda.[1] In diesem Falle ist also das ministerium naturae bei dem supranaturalen Wirken Gottes innerhalb der geschöpflichen Natur ausgeschlossen.

---

[1] 4. Sent. dist. 17. qu. 3. art. 1. quaest. 2.

Allein dieses gilt nicht schlechthin, so, als ob bei jedem supranaturalen Wirkakt Gottes überhaupt kein ministerium naturae vorhanden sein dürfte. Das ist nämlich offenbar der Fall bei den Sakramenten, bei welchen etwas ganz und gar Übernatürliches, die Gnade, durch die natürlichen Dinge vermittelt wird, und zwar sind letztere hierbei direkte Instrumente in der Hand Gottes. Allein Thomas sagt auch gar nicht sine ministerio naturalium rerum, sondern sine ministerio naturae, d. h. Gott wirkt supranaturaliter wohl mit Hilfe der geschaffenen Dinge, aber nicht mit Hilfe der geschöpflichen Natur dieser geschaffenen Dinge. Der supranaturale Effekt ist daher wohl durch die geschaffenen Dinge entstanden, letztere sind wahre causae efficientes instrumentales für das Supranaturale in der Hand Gottes, aber sie sind es nicht auf Grund ihrer natürlichen Beschaffenheit als geschöpfliche Dinge, sondern auf Grund einer neuen Beschaffenheit, welche ihnen für diesen speciellen Zweck, nämlich für das Hervorbringen eines supranaturalen Effektes gegeben worden ist. Und diese neue Beschaffenheit ist es dann, welche das geschöpfliche Ding über seine geschöpfliche Natur hinaus hebt und es befähigt, die causa efficiens einer supranaturalen Wirkung zu sein.

Wir müssen daher sagen, dafs Gott die kreatürlichen Dinge bei seinem supranaturalen Wirken thatsächlich als Instrumente benützt. Aber diese Benützung ist eine zweifache: einerseits benützt er sie so, dafs das natürliche Wirken der geschöpflichen Dinge nicht prohibiert wird, sondern auch dieselben natürlichen geschöpflichen Effekte hervorbringt, wie wir sie sonst als Folgen des natürlichen Wirkens dieser geschöpflichen Dinge wahrnehmen. Das Wasser, welches bei der Applikation des Taufsakramentes von Gott benützt wird, um einen rein übernatürlichen Effekt hervorzubringen, wirkt trotzdem als geschöpfliches Ding in genau derselben geschöpflichen Weise weiter, wie sonst, es reinigt, erfrischt u. s. w. Mithin wird seine Wesenheit als geschöpfliches Ding nicht total verändert, sondern bleibt im Grunde genommen dieselbe. Allein es vermag mehr zu leisten als sonst, als in demjenigen Falle, wo es nicht das Instrument Gottes für die Hervorbringung eines supranaturalen Effektes ist. Es ist ihm also eine neue Kraft gegeben worden, welche es zum supranaturalen Wirken befähigt, ohne dafs seine Substanz wesentlich verändert wird. Kräfte als Principien der Thätigkeit sind aber, wie früher gezeigt, Accidentien. Mithin vervollkommnet Gott die Substanz der geschöpflichen Dinge in einer neuen Weise durch Hinzufügung eines neuen Accidens, einer neuen Kraft, und zwar so, dafs der Effekt dieser Vervollkommnung, nämlich die geschöpfliche Substanz zusammen mit der neuen Kraft, jetzt in der Hand Gottes als Instrument seines Willens neue, übernatürliche Effekte hervorzubringen im stande ist.

Daraus folgt, dafs das Accidens, die neue Kraft, selbst etwas Übernatürliches, nämlich Göttliches sein mufs, und dafs durch die Verbindung dieses Göttlichen mit der kreatürlichen Substanz letztere selbst zu Gott emporgehoben wird, gleichsam am göttlichen Wesen participiert. Läfst also Gott die geschöpfliche Natur bei seinem supranaturalen Wirken als solche bestehen, ohne ihre rein geschöpfliche Thätigkeit zu prohibieren, so erhebt er doch andererseits dieselbe geschöpfliche Natur zugleich auf eine höhere, supranaturale Stufe. Auf diese Weise vervollkommnet, spiegelt dann die geschöpfliche Natur viel klarer und reiner die Kraft Gottes, seine Allmacht in der Natur wider, und so wird das supranaturale Wirken Gottes eine viel reinere Manifestation seiner selbst in der Natur.

3. Haben wir bisher gesehen, wie Gott die kreatürlichen Dinge verändert, wenn er sie zur supranaturalen Thätigkeit gebraucht, so ist doch noch zu erläutern, wie es möglich ist, dafs diese Kreatur eine solche Veränderung oder Vervollkommnung in sich aufnehmen kann. Um dieses klar erkennen zu können, müssen wir wieder von demjenigen Moment in dem Naturale ausgehen, auf welches sich der Unterschied des Naturale vom Supranaturale bezieht. Oben war gezeigt worden, dafs dieses Moment in der Bestimmung des geschöpflichen Dinges als Geschöpf Gottes lag, d. h. also in der geschöpflichen Abhängigkeit der Kreatur vom Schöpfer. Eine Abhängigkeit des Werkes von dem Hervorbringer desselben existiert in jedem Falle. Der Künstler, welcher eine Statue gemeifselt, ein Gemälde gemalt hat, besitzt ein ganz bestimmtes Recht über das Werk

seiner Thätigkeit. Die Grundbestimmung dieses Rechtes ist, dafs er über die Existenz seines Werkes frei zu verfügen hat. Gott ist ebenfalls der Herr der Kreatur, welche durch seine Thätigkeit aus dem Nichts hervorgerufen worden ist. Er hat sogar als Schöpfer der ganzen Kreatur ein noch viel gröfseres Recht über diese als der Künstler, der Handwerker, als jedes Geschöpf über das durch seine Kraft entstandene Werk, da die Kreatur weder ihre Kraft und Macht aus sich selbst besitzt, noch das vollkommene Verfügungsrecht über das Werk ihrer Kraft. Wie aber auf seiten des Werkmeisters, mag es der göttliche oder ein kreatürlicher sein, eine Gewalt über das Werk seiner Thätigkeit existiert, so existiert auch in diesem Werk selbst etwas, das sich dieser Macht zu beugen hat. Das ist aber in dem Geschöpf Gott gegenüber gerade das an der geschöpflichen Substanz, was sie zum Geschöpf Gottes macht. Da nun das ganze Geschöpf als solches von Gott geschaffen ist, so kann nicht ein Teil desselben die geschöpfliche Natur sein und ein anderer Teil die Substanz zusammen mit allen ihren Accidentien, so dafs also die Bestimmung als Geschöpf zu diesem letzteren noch hinzukäme, sondern die Substanz des Geschöpfes als solche befindet sich Gott gegenüber in dem fortdauernden Zustande oder Verhältnis der geschöpflichen Abhängigkeit. Betrachten wir also das Geschöpf in seinem Verhältnis zu seiner Natur, so hat es das Princip seiner Thätigkeit in sich; betrachten wir es jedoch in seinem Verhältnis zu seinem Schöpfer, Gott, so befindet es sich fortwährend in der totalsten geschöpflichen Abhängigkeit von diesem. Gott gegenüber mufs also die geschöpfliche Substanz stets so abhängig sein, dafs sie in jedem Augenblick dem Schöpfer- oder Allmachtswort ihres Herrn und Hervorbringers zu gehorchen hat. Diese Beschaffenheit der geschöpflichen Substanz Gott gegenüber nennt man die potentia obedientialis.

4. Aus demjenigen, was eben gesagt worden ist, geht hervor, dafs die potentia obedientialis nicht etwas ist, was zu der Substanz als solcher hinzutritt, sondern die Substanz mit allen ihren Accidentien selbst bezeichnet, nämlich in ihrem Verhältnis zu Gott, der sie geschaffen hat, und dem gegenüber sie daher stets als Werk seiner Thätigkeit in der geschöpflichen Abhängigkeit

bleibt. Die potentia obedientialis kann daher auch nicht ein blofses Accidens sein, erst recht nicht eine natürliche Fähigkeit, d. h. eine Kraft, wie die anderen den geschöpflichen Naturen zu eigen gegebenen Kräfte. Denn als bestimmte eigentümliche Beschaffenheit der kreatürlichen Substanz, d. h. als diese kreatürliche Substanz selbst kann sie überhaupt nicht eine Kraft sein. Sie könnte höchstens das Subsistens für Kräfte sein. Allein auch das letztere ist nur nach einer gewissen Richtung hin möglich. Denn man mufs hier genau zwischen den beiden Verhältnissen unterscheiden, welche die Kreatur einerseits zu Gott und andererseits zur kreatürlichen Welt hat. Offenbar steht die Kreatur, sobald sie von Gott geschaffen wird, in jenem Abhängigkeitsverhältnis, welches wir an ihr als die potentia obedientialis bezeichnen. Vermöge dieses Zustandes, in welchem sie Gott gegenüber als total abhängig erscheint, ist sie genötigt, alles dasjenige von Gott an- und aufzunehmen, was er ihr geben will. Aus der Erfahrung und aus der göttlichen Offenbarung wissen wir aber, dafs Gott thatsächlich jeder Kreatur gewisse Fähigkeiten gibt, auf Grund deren sie thätig sein kann. Diese Fähigkeiten, Kräfte an der Substanz werden von letzterer in gehorsamer Weise angenommen, d. h. eben auf Grund jener potentia obedientialis, des Abhängigkeitsverhältnisses, in welchem die Kreatur zu Gott steht. Damit wird aber doch nicht die potentia obedientialis als solche nun aufgehoben, sondern sie bleibt als gehorsame Unterwerfung unter den Willen des Schöpfers in der Kreatur weiter bestehen und nötigt diese, auch alle späteren Gaben, d. h. Einwirkungen Gottes ebenso aufzunehmen, wie jene der geschöpflichen Natur entsprechenden Kräfte. Auf Grund dieser selben potentia obedientialis ist daher die Kreatur befähigt, ja, genötigt, jene supranaturalen Einwirkungen Gottes in sich aufzunehmen.[1]

5. Wenn wir daher fragen würden, was innerhalb der geschöpflichen Natur das Material für das Supranaturale ist, so können wir nur antworten: die ganze geschöpfliche Natur, weil

---

[1] Vgl. S. theol. 1. 2. qu. 109. art. 1. — 3. qu. 1. art. 3. ad 3. — Ebd. qu. 4. art. 1. — 3. Sent. dist. 11. qu. 1. art. 2. ad 2. — Ebd. dist. 43. qu. 1. art. 1.

sie in jeder Beziehung in geschöpflicher Abhängigkeit von ihrem Schöpfer steht.

Letzterer, der Schöpfer, Gott, ist aber der alleinige Urheber, die alleinige causa efficiens des Supranaturalen. Als causa prima efficiens principalis ist er der letzte Urheber jedes geschöpflichen Wirkens, während die Geschöpfe zwar als wahre causae efficientes, aber doch nur als causae secundae wirken. Allein für das supranaturale Wirken gilt Gott in noch viel höherem Grade als Urheber. Denn das Supranaturale überragt gerade das geschöpfliche Ding, soweit es Geschöpf ist, in jeder Beziehung, also auch in seinem Wirken und in seinen Kräften, wie sie ihm von Gott innerhalb des Rahmens der geschöpflichen Gesamtnatur gegeben sind. Das Geschöpf kann als solches daher nur Urheber des geschöpflichen Naturale, nicht aber des Supranaturale sein. Soll trotzdem innerhalb der geschöpflichen Gesamtnatur und durch dieselbe etwas Supranaturales entstehen, so muſs Gott dasselbe durch Übertragung seiner eigenen göttlichen Kraft an das Geschöpf bewirken, also das thun, wozu die geschöpflichen Fähigkeiten nicht ausreichen. Wir müssen daher auch das supranaturale Wirken Gottes als ein direktes Eingreifen in die geschöpfliche Natur betrachten. Denn Gott wirkt ordinarie, wenn er gemäſs den von ihm selbst den geschöpflichen Dingen eingepflanzten Determinationen — den sogenannten Naturgesetzen — diese Geschöpfe thätig sein läſst. Macht er aber, daſs die letzteren durch Anteilnahme an seiner eigenen göttlichen Kraft supranaturale Effekte hervorzubringen im stande sind, so verläſst er ausnahmsweise gleichsam die Grenzen, welche er sich selbst bei der Unterstützung des geschöpflichen Wirkens gezogen hat. Gerade diese Durchbrechung der Grenzen im geschöpflichen Wirken zeigt schon das direkte Eingreifen Gottes an, das durch den Effekt, welcher supra naturam, d. h. supra vires naturae ist, noch klarer hervortritt. Mithin sind in diesem Falle auch die geschöpflichen Dinge nicht in derselben Weise Instrumente in der Hand Gottes, wie sonst: sie sind zwar wahre Instrumente, aber viel höhere und vollkommenere.

Die letztere Bestimmung, die gröſsere Vollkommenheit der geschöpflichen Dinge als Instrumente Gottes bei seinem supranaturalen Wirken, bildet die causa formalis des Supranaturalen. Die Form eines Dinges mufs innerhalb dieses Dinges selbst sein, sie ist das innere Princip des geformten Dinges, durch welches das letztere seine bestimmte Seinsvollendung erhält. In unserem Falle müfste demnach die Form das innere Princip für die geschöpfliche Natur sein, durch welche die letztere zum Instrument Gottes für dessen supranaturales Wirken erhoben wird. Die Fähigkeit, ein solches Instrument sein zu können, besitzt das Geschöpf auf Grund seiner geschöpflichen Natur, d. h. auf Grund der potentia obedientialis, die untrennbar mit ihm verbunden ist. Die geschöpfliche Natur kann aber nicht das innere Princip sein, durch welches ein Geschöpf das Instrument Gottes für sein supranaturales Wirken, sondern nur für sein naturales Wirken wird. Mithin mufs die geschöpfliche Natur in einer bestimmten Weise verändert werden, um dieses höhere Instrument sein zu können. Das geschieht durch die Vervollkommnung der geschöpflichen Natur infolge der Übertragung der göttlichen Kraft selbst an sie, durch welche allein das Geschöpf supranaturale Effekte hervorzubringen im stande ist. Nach der Übertragung dieser göttlichen Kraft ist das Geschöpf ein vollkommeneres Instrument für Gott, als vorher, es kann mehr leisten, als früher; und speciell hat es dadurch allein seine eigentümliche Seinsvollendung als Instrument für das supranaturale Wirken Gottes erhalten. Mithin mufs diese Vervollkommnung des Geschöpfes durch Anteilnahme an der göttlichen Kraft auch die Formalursache für das Supranaturale sein.

Letzter Zweck für alles, was Gott thut, ist seine eigene Ehre: sie mufs daher auch der letzte Zweck für sein supranaturales Wirken sein. Allein der eigentliche Zweck dieses direkten Eingreifens Gottes in die geschöpfliche Natur mufs ein für die Geschöpfe speciell bestimmter sein. Es geht nun aus der besonderen Beschaffenheit des supranaturalen göttlichen Wirkens hervor, dafs dieser specielle Zweck nicht für die ganze geschöpfliche Natur, d. h. für alle Dinge bestimmt sein kann, welche eine geschöpfliche Natur haben. Denn unter diesen ist ein Teil überhaupt nur für den anderen Teil bestimmt, nämlich die nicht mit Vernunft begabten Geschöpfe für die vernünftigen Geschöpfe.

132 Das Gebiet des Übernatürlichen.

Mithin mufs schon im allgemeinen der eigentliche Zweck der supranaturalen Thätigkeit Gottes eine bestimmte Beziehung nur für die vernünftigen Geschöpfe haben. Das geht noch deutlicher aus der Art und Weise hervor, wie Gott sich durch seine supranaturale Thätigkeit manifestiert. Es ist nämlich die Manifestation des rein geistigen Schöpfers. Daher können auch nur die ganz oder teilweise geistigen Geschöpfe, d. h. Engel, Dämonen und Menschen diese Manifestation Gottes erkennen. Da nun Gott durch seinen direkten Eingriff in die geschöpfliche Natur sein Wesen in aufsergewöhnlicherer Weise offenbart, als durch die gewöhnliche, naturgesetzliche Unterstützung, Leitung und Erhaltung der geschöpflichen Dinge und ihrer Kräfte, so kann er auch aus diesem aufsergewöhnlichen Wirken von den vernünftigen Geschöpfen besser erkannt werden. Diese bessere, reinere und klarere Erkenntnis Gottes ist daher auch der eigentliche Zweck seiner supranaturalen Thätigkeit.

6. Hiermit ist aber der Begriff des Supranaturalen noch nicht vollständig erschöpft. Es könnte nämlich so scheinen, als ob jener Zweck des Übernatürlichen nur eine, wenn auch noch so grofse Vervollkommnung des Natürlichen wäre, also eigentlich die Vervollkommnung der natürlichen Gotteserkenntnis und Gottesliebe. Eine solche Vervollkommnung würde sich aber immer noch, wenn auch unter göttlichem Einflufs, auf Grund jener Bedingungen vollziehen, welche aus der geschöpflichen Natur entspringen. Sie würde somit auch nur ein diesen natürlichen Bedingungen entsprechendes Ziel haben, d. h. ein Ziel, welches noch im Bereich der Naturmöglichkeit liegen würde. Dadurch würde aber dasjenige, was wir supranatural nennen, nur in gewisser Hinsicht, nicht schlechtbin die geschöpfliche Natur als solche überragen.

Das wäre im Grunde genommen die Ansicht, welche einst Duns Scotus vertrat. Nach ihm wird nämlich etwas nur deshalb supranatural genannt, weil es von einer Ursache produziert wird, welche supra regulas naturae wirksam ist. So würde das Supranaturale sich nur durch den Modus seiner Entstehung über das Naturale erheben. Ebensowenig würde es zur Bestimmung des

Supranaturale genügen, wenn wir dessen wesentliches Merkmal nur in das Abhängigkeitsverhältnis vom Schöpfer legen wollten. Denn dadurch allein wird nicht etwas schon supranatural, dafs es von Gott produziert ist, da sowohl die subsistierenden Formen, wie z. B. die reinen Geister, als auch die materia prima von Gott produziert sind. Trotzdem sind und bleiben beide nur entia naturalia.

Thomas weist uns den richtigen Weg, um den oben entwickelten Begriff des Supranaturale zu ergänzen. Er unterscheidet nämlich einen zweifachen letzten Zweck des Menschen oder der vernunftbegabten Geschöpfe überhaupt: Finis autem, ad quem res ordinantur a Deo est duplex. Unus, qui excedit proportionem naturae creatae et facultatem. Et hic finis est vita aeterna, quae in visione divina consistit, quae est supra naturam cuiuslibet creaturae. Alius autem finis est naturae creatae proportionatus, quem scilicet res creata potest attingere secundum virtutem suae naturae. Ad illud autem, quod non potest aliquid virtute suae naturae pervenire, oportet, quod ab alio transmittatur, sicut sagitta a sagittante mittitur ad signum. Unde, proprie loquendo, rationalis creatura, quae est capax vitae aeternae, producitur in ipsam, quasi a Deo transmissa.[1] Ferner: Finis autem humanorum actuum potest dupliciter accipi: vel finis proprius et proximus, vel communis et ultimus. Et hic est duplex: quia vel excedit facultatem naturae, sicut felicitas futura in patria. Et in hunc finem ostendendo dirigit fides et inclinando dirigit caritas, sicut aliqua forma naturalis inclinat in suum finem, quia ad hunc finem non sufficit dirigere naturalis potentia neque per se neque perfecta per habitum naturalem vel acquisitum.[2]

Der Mensch, das vernunftbegabte Geschöpf überhaupt, hat also ein ganz und gar übernatürliches Ziel, die visio beatifica, d. h. die wesenhafte intuitive Erkenntnis Gottes, ein Ziel, welches er durch seine natürliche geschöpfliche Kraft in keiner Weise erreichen kann, welches sogar in keinem vergleichbaren Verhältnis zur geschöpflichen Natur steht. Wenn der Mensch z. B. daher auf dieses Ziel hingeordnet ist, so ist er es nur durch die

---

[1] S. theol. 1. qu. 23. art. 1.
[2] 2. Sent. dist. 41. qu. 1. art. 1.

Kraft Gottes. Damit der Mensch aber, der für dieses Ziel berufen ist, auch wirklich zu demselben hingeleitet wird, muſs ihm diese Hinordnung ununterbrochen innewohnen. Das bringt die Gnade zu stande, indem sie dem Menschen eine diesem Ziele entsprechende Form als Grundlage jener neuen und höheren Ordnung verleibt. Diese Form selbst ist supra naturam humanam, aliqua supernaturalis forma et perfectio, per quam (homo) convenienter ordinetur in finem praedictum.[1] Von diesem Supranaturale, der Gnade, sagt nun Thomas: sie sei eine participatio divinae naturae.[2] Wenn wir daher fragen, was die Übernatürlichkeit der Geschöpfe eigentlich ist, so müssen wir zunächst dasjenige bestimmen, an dem sie teilnimmt, nämlich die supranaturalitas in Gott.

7. Wir können etwas supranatural im eigentlichen, absoluten Sinne und in einem uneigentlichen, nur relativen Sinne nennen. Im letzteren Sinne sind z. B. die Engel als supranatural zu bezeichnen, insofern sie nämlich in gewisser Hinsicht nur, in ihrem Sein, über die ganze körperliche Natur hervorragen. Schlechthin kann aber nur Gott supranatural genannt werden. Denn er ist nicht nach einer gewissen Hinsicht nur über alles, was auſser ihm existiert, erhaben, sondern in jeder Hinsicht, in Bezug auf alles, was er aus sich besitzt; er ist auch nicht über einen Teil der Welt nur erhaben, sondern über die ganze erschaffene Natur, ja, auch über alles, was überhaupt erschaffen werden könnte.

Gott überragt aber die geschaffene und erschaffbare Natur nicht dadurch, daſs er ein Sein hat, denn ein Sein besitzen auch alle geschaffenen Dinge; auch nicht dadurch, daſs er Leben besitzt, denn lebendig sind auch die Pflanzen, Tiere, Menschen und Geister; endlich auch nicht dadurch, daſs er geistiges Erkennen hat, denn das besitzen auch die Menschen und Geister.[3] Er überragt sie vielmehr in der Art und Weise, wie er alle diese Vollkommenheiten besitzt, nämlich ohne Beimischung irgend einer Potentialität und Unvollkommenheit. Während also die

---

[1] S. ctr. Gent. l. 3. cap. 150.
[2] S. theol. 1. 2. qu. 110. art. 3. — ebd. qu. 112. art. 1.
[3] Vgl. S. theol. 1. 2. qu. 1. art. 8.

geschöpflichen Vollkommenheiten stets nur so beschaffen sind, dafs sie ergänzt, noch weiter vervollkommnet werden können, sind alle Vollkommenheiten Gottes in absoluter Weise vollendet, ohne auch nur jemals eine Spur von Unvollkommenheit gezeigt zu haben oder jemals verbesserungsfähig zu sein.[1] **Gott ist supranatural** heifst also im eigentlichen und formalen Sinne, dafs er selbst die ganze Fülle des Seins ist. Er hat das Sein nicht erst erhalten, sondern ist selbst die lauterste, vollkommenste Seinswirklichkeit, das unendliche Sein aus sich selbst.

Die Geschöpfe können offenbar eine solche supranaturalitas, wie sie eben beschrieben worden ist, aus sich nicht besitzen; sie kann ihnen auch nicht ganz gegeben werden; aber sie können einen Anteil an ihr erhalten. Dazu sind sie aus sich fähig, weil sie die potentia obedientialis besitzen; will Gott ihnen daher einen Anteil an seiner eigensten Vollkommenheit gewähren, so können, so müssen sie sogar diese Anteilnahme zulassen. Die geschöpfliche supranaturalitas ist mithin gleichsam nur ein Abbild der unerschaffenen göttlichen Übernatürlichkeit, da sie nur in der Anteilnahme an demjenigen bestehen kann, was Gott selbst eigentümlich ist: nam participare aliquid est, partem illius capere et partem relinquere.[2] Daher sagt Thomas von diesem supranaturale: excedit omnem facultatem naturae creatae, cum nihil aliud sit, quam quaedam participatio divinae naturae, quae excedit omnem aliam naturam.[3]

Diesem Begriff der supranaturalitas entsprechend lehrt Thomas mit Augustinus, dafs die heiligmachende Gnade in einer formalen Participation an der göttlichen Natur als solcher bestehe: donum autem gratiae excedit omnem facultatem naturae creatae, cum nihil aliud sit, quam quaedam participatio divinae naturae, quae excedit omnem naturam.[4] Ferner: Et quia gratia est supra naturam

---
[1] Vgl. S. ctr. Gent. l. 1. c. 30. — S. theol. 1. qu. 13. art. 9. und ad 1.; ebd. art. 11.
[2] Metaph. l. 1. lect. 10. — De coelo l. 2. lect. 18. — Vgl. Caietanus, Comment. in S. theol. 2. 2. qu. 24. art. 7.
[3] S. theol. 1. 2. qu. 112. art. 1.
[4] S. theol. 1. 2. qu. 112. art. 1. — Vgl. auch ebd. 1. qu. 93. art. 1. ebd. ad 2. — 1. 2. qu. 110. art. 3. und 4. — 3. qu. 2. art. 10. ad 1. — qu. 62. art. 2.

humanam, non potest esse, quod sit substantia aut forma substantialis, sed est forma accidentalis ipsius animae. Id enim, quod substantialiter est in Deo — nämlich die göttliche Natur — accidentaliter fit in anima participante divinam bonitatem.[1] Mit dieser Auffassung des Supranaturale deckt sich die von Caietan gegebene Erklärung: supernaturale est, quod supra facultatem ordinis creaturis debiti in eis est.[2] Hatte er nämlich im Kommentar zu S. theol. 1. qu. 12. nur das negative Moment der supranaturalitas angegeben, dafs sie keinem Geschöpfe konnatural sein könne, so hebt er in der angeführten Erkläruug durch Hinzunahme der Worte: ordo creaturis debitus, auch jenes positive und wesentliche Merkmal der participatio divinae naturae hervor; denn nach Thomas bezieht sich das supradebitum auf das übernatürliche Ziel, die visio Dei.[3] Caietan bestimmt daher auch den Unterschied zwischen den natürlichen und übernatürlichen Dingen in folgender Weise: die Dinge der natürlichen Ordnung verhalten sich zum Urheber der Natur ebenso, wie sich diejenigen Kunstprodukte zum Künstler verhalten, welche eine ganz andere Natur als dieser Künstler besitzen. Die übernatürlichen Dinge dagegen verhalten sich zu Gott so, wie sich alles

---

[1] S. theol. 1. 2. qu. 110. art. 2. ad 2.
[2] Caietanus, Opuscula tom. III. tract. 3. qu. 2. fol. 108. col. 2. A. Ihm folgt Ferre, Commentaria scholastica in I. Partem D. Thomae, Coloniae Agripp. 1691. Tom. I. p. 49. nr. 93.: natura entis supernaturalis in eo posita est, quod sit super omnes vires et super omnem exigentiam naturae. Ebd. p. 47. n. 88. — Vgl. auch Cauvinus, Disputationes Theologicae in Primam Partem Summae Theologicae S. Thomae, Romae 1709. Tom. I. disp. I. qu. 2. § 1. p. 22. sq. — Collegii Salmanticensis Cursus Theologicus. Tom. V. tract. XIV. qu. 110. disp. 4. dub. 3. nr. 41. Lugduni 1679. p. 377.: Cum autem supernaturalitas creaturae conveniat ipsi per imitationem seu participationem supernaturalitatis divinae, cui in praedicatis entis a se et infiniti adaequari minime potest, consequens est, ut non constituatur formaliter per illa praedicata, sed per habitudinem mediatam vel immediatam ad Deum tamquam ad principium et obiectum illam excellentiam importans. — Gonet, Clypeus Theologiae Thomisticae Tom. IV. Coloniae Agrippinae 1677. tract. VIII. disp. II. art. 3. nr. 85. p. 88.: supernaturalitas creata consistit essentialiter in habitudine mediata vel immediata ad Deum ut est in se, tamquam ad obiectum specificativum et finem connaturalem.
[3] S. theol. 1. qu. 12. art. 4.

Konnaturale zu demjenigen verhält, mit welchem es konnatural ist, und ebenso, wie das Naturgemäfse sich zu der entsprechenden Natur verhält, z. B. wie das Wärmen zum Feuer. Daher sind die übernatürlichen Dinge mit Gott konnatural und seiner Natur gemäfs: Et propterea reliquae creaturae factae dicuntur; filii autem Dei nati dicuntur. Jure siquidem nati dicuntur, qui ad connaturalia producuntur, quia ad ea, quae sunt secundum Dei naturam, elevantur. Nativitatis siquidem tam ratio quam nomen ad naturam spectat. Si itaque ex termino consideres productionem filiorum Dei, natos ex Deo intelliges, quia fiunt cognati ipsi summo Deo.[1]

2. Die Einteilung des geschöpflichen Übernatürlichen.

1. Da wir den Begriff des geschöpflichen Supranaturale nur aus dem Glauben und aus der göttlichen Offenbarung gewinnen können, so müssen wir ihn zu den theologischen, nicht zu den philosophischen Begriffen zählen. Daher sagt Thomas: Quae sunt supra naturam, sola fide tenemus.[2] Für die Einteilung des Supranaturale müssen wir daher auch von den Offenbarungsthatsachen ausgehen.

Als supranaturale Thatsache charakterisiert Thomas zunächst die unio hypostatica bei der Menschwerdung Christi: Hoc autem excedit limites perfectionis naturae, ut creatura uniatur Deo in persona.[3] Per Incarnationem autem humana natura non dicitur participasse similitudinem aliquam divinae naturae, sed dicitur esse coniuncta ipsi divinae naturae in persona Filii. Maius autem est ipsa res quam similitudo eius participata.[4] Gratia unionis non est naturalis Christo secundum humanam naturam, quasi ex principiis humanae naturae causata.[5]

Übernatürlich ist ferner das letzte Endziel, für welches die intelligenten Geschöpfe thatsächlich berufen sind. Denn dieses Endziel ist die intuitive Erkenntnis der göttlichen Wesenheit: Visio

---

[1] Caietanus, Jentacula, qu. 2. art. 2.
[2] S. theol. 1. qu. 99. art. 2.
[3] S. theol. 3. qu. 1. art. 3. ad 2.
[4] Ebd. qu. 2. art. 10. ad 1.
[5] Ed. art. 12. ad 3.

Dei est supra naturam animae rationalis, in quantum propria virtute ad eam pervenire non potest.¹ Relinquitur ergo, quod cognoscere ipsum esse subsistens sit connaturale soli intellectui divino, et quod sit supra facultatem cuiuslibet intellectus creati: quia nulla creatura est suum esse, sed habet esse participatum.²

Ebenso ist die Gnade supranatural: gratia, quae est accidens, est quaedam similitudo Divinitatis participata in homine.³ Donum autem gratiae excedit omnem facultatem naturae creatae, cum nihil aliud sit, quam quaedam participatio divinae naturae, quae excedit omnem aliam naturam.⁴

Übernatürlich sind ferner die meritorischen Akte,⁵ Wunder, Offenbarungen und Sakramente.⁶

2. Die Haupteinteilung der supranaturalen Dinge gibt Thomas dadurch, dafs er zwischen solchen Thatsachen unterscheidet, welche an sich, und solchen, welche nur bezüglich des modus übernatürlich sind.

Supranaturale secundum se ist dasjenige, was seinem innersten Sein nach übernatürlich ist. Es überragt nämlich gerade das, was nach unserer Auffassung die Wesenheit einer solchen Thatsache ausmacht, die natürlichen Kräfte. Indem man das Wort Substanz in seinem ersten Sinne zur Bezeichnung des Wesentlichen anwendet, nennt man diese Thatsache supra facultatem naturae quoad substantiam facti.⁷ In diesem Sinne ist z. B. die gratia iustificans etwas Übernatürliches. Ein solches Supranaturale ist innerlich übernatürlich, weil es seinem innersten wesentlichen Sein nach so beschaffen ist, dafs es aus den blofsen Kräften der Natur auch unter dem allgemeinen Einflufs, welchen Gott als causa prima auf alle sekundären oder geschaffenen Ursachen

---

¹ S. theol. 3. qu. 9. art. 2. ad 3.
² S. theol. 1. qu. 12. art. 4.
³ S. theol. 3. qu. 2. art. 10. ad 1.
⁴ S. theol. 1. 2. qu. 112. art. 1.
⁵ Qu. disp. de virtut. qu. 2. art. 1.
⁶ 4. Sent. dist. 17. qu. 3. art. 1. quaest. 2.
⁷ Vgl. S. theol. 1. 2. qu. 113. art. 9. — 3. qu. 43. art. 4. — 4. Sent. dist. 17. qu. 1. art. 5. quaest. 1. — Quaest. disp. de pot. qu. 2. art. 3. ad 5.

ausübt, nicht hervorgehen kann; es kann also nicht naturgemäfs sein, dafs es supranatural ist.

Supranaturale quoad modum ist dagegen etwas, was seinem wesentlichen Sein nach noch natürlich ist und nur in der Weise, wie es geschieht, die Wirksamkeit der natürlichen Ursachen übersteigt. So ist z. B. bei dem im Evangelium erzählten Wunder von der Heilung eines Blindgeborenen die operatio, nämlich das Sehen, eine natürliche Thätigkeit der natürlichen Sehkraft. Nur die Art und Weise, wie die operatio hier zu stande kommt, wie das Auge des Blindgeborenen die ihm fehlende natürliche Sehkraft empfängt, übertrifft die Wirksamkeit aller natürlichen Ursachen.

Das Supranaturale secundum se ist wiederum zweifach: 1) supranatural ist zunächst dasjenige, was überhaupt nicht von der Natur verursacht werden kann, selbst wenn letztere durch Mitteilung übernatürlicher Kräfte erhöht würde. Dergleichen ist z. B. die Gnade und der habituelle Zustand der übernatürlichen Gottesliebe, d. h. die caritas, als virtus infusa.

2) Supranatural ist dann aber auch dasjenige, was zwar von der Natur nicht mit ihren blofsen natürlichen Kräften, wohl aber von der mit übernatürlicher Kraft erhöhten Natur verursacht werden kann, wie z. B. der actus caritatis, welchen der Wille vermöge der Gnade ausüben kann.

3. Die übernatürliche Ordnung.

Auf dem Gebiete des Übernatürlichen finden wir, weil es von Gott gewirkt wird, auch gesetzmäfsige Erscheinungen. Auf Grund derselben gibt es auch hier ähnlich wie auf dem Gebiete des Natürlichen eine Ordnung.

Die Betrachtung dieser Ordnung fällt aber unter den Gesichtspunkt der Theologie und gehört nicht mehr in den Rahmen unserer Untersuchung. Sie soll ja nur apologetisch gehalten sein. Ihre Grundlage hat aber die übernatürliche Ordnung in der natürlichen. Denn der Urheber beider ist Gott, der ebenso ihr Princip, wie auch ihr Ziel ist. Die natürliche Ordnung ist die Voraussetzung der übernatürlichen Ordnung, so dafs letztere nicht im Widerspruch zur ersteren stehen kann; vielmehr existiert zwischen beiden ein harmonisches Verhältnis, weil die natürlichen Zwecke, welche die natürliche Ordnung erstrebt, in der übernatürlichen Ordnung als Mittel zur Erreichung des übernatürlichen Zieles dienen.

Gemäß dem Begriff des Übernatürlichen kommt dasjenige, was in Gott substantiell ist, in der Welt der geschaffenen Dinge, die nur einen Anteil an der göttlichen Güte oder Vollkommenheit haben, nur als Accidens vor: Quod substantialiter est in Deo, accidentaliter fit in anima participante divinam bonitatem.[1] So entsteht die übernatürliche Ordnung in der natürlichen. So gehört auch das Wunder, obgleich übernatürlich seinem Wesen nach, doch in die natürliche Ordnung hinein, kann wenigstens in ihr sein.

Beide Ordnungen bilden jedoch vereint nur ein Einziges, ein großartig harmonisches Ganzes, ein Ganzes, wie es nur von einem göttlichen Werkmeister erdacht, ausgeführt und von den unzählbaren Strahlen einer göttlichen Liebe durchleuchtet, erhalten und mit ihm, dem allmächtigen Schöpfer, soweit möglich vereint werden konnte. Das ist die göttliche Monarchie. Quia igitur unus est Deus princeps non solum omnium angelorum, sed etiam hominum et totius creaturae, ideo non solum omnium angelorum, sed etiam totius rationalis creaturae, quae sacrorum particeps esse potest, una est hierarchia.[2]

---

[1] S. theol. 1. 2. qu. 110. art. 2.
[2] S. theol. 1. qu. 108. art. 1.

Inhalt.

Erster Abschnitt.

Die exegetische Entwickelung des Wunderbegriffes bei Thomas ... 5

Vorbemerkungen: Plan der Untersuchung ... 5

I. Die Psychologie des Wunders: admiratio ... 7

II. Die Terminologie des Wunders ... 15
   1. Mirabile ... 15
   2. Mirum im allgemeinen ... 17
   3. Mirum quoad nos ... 25
   4. Mirum in se ... 34
   5. Miraculum ... 38

III. Die Teile des Wunderbegriffes ... 43

Zweiter Abschnitt.

Die Grundlage des Wunderbegriffes ... 48

I. Das Gebiet des Natürlichen ... 48
   1. Die Natur ... 48
      a. Die verschiedenen Bedeutungen des Wortes Natur ... 48
      b. Die Definition des Begriffes Natur ... 54
      c. Das Naturale ... 61
   2. Die Naturkräfte ... 72
      a. Die Bedeutung der Naturkräfte ... 72
      b. Die Bezeichnungen der Naturkräfte: vis, potentia, virtus ... 80
      c. Das Wirken der Naturdinge ... 96

	Seite
3. Die Naturordnung	106
a. Die Naturgesetze	106
b. Der Begriff der Ordnung	111
c. Der Begriff der Naturordnung	118
II. Das Gebiet des Übernatürlichen	123
1. Der Begriff des Übernatürlichen	123
2. Die Einteilung des geschöpflichen Übernatürlichen	137
3. Die übernatürliche Ordnung	139